追古溯今說政治

吳豐山 著

目錄

【前言】八荒求索 成就台灣

一

一九六三年，本人進入國立政治大學政治系就讀，那個時候國民政府遷台未久，幾位跟隨蔣中正來台的教授，拿著一本舊講義，講授比較政府、比較憲法、中國政治史、西洋政治史等等課程。除了三民主義，他們不談共產主義、資本主義、無政府主義。那個時候東西陣營冷戰對峙，民主的美國是自由世界領袖，共產的蘇聯是極權世界龍頭。台灣官方推崇民主，實則威權。

政治系的課程呆板乏味，我自己設法找到一些讀本，有的談理論，有的講歷史；這些閱讀的目的是想盡可能深入瞭解政治的廣大內涵。

二

四年政治系學子生涯很快走到終點，服完預官役後，我毛遂自薦進入《自立晚報》服務，並到政治大學新聞研究所半工半讀。自己訂定的人生目標是工作三年後回台南縣故鄉參選省議員。

服務《自立晚報》三年期間，我發表了台灣農村田野調查報告，促成政府編列鉅款推動農業改革計劃。美國國務院好像也很重視本人事工，所以禮邀本人前去美國進行一個半月的訪問考察。返台之後，日本外務省也作了同等級邀請。

很快地，三年期滿，我向報社請辭。當此之時，我的老闆——國之大老吳三連先生婉言反對。他說他是選舉的過來人，深知政治事業華而不實，吳老先生認為我如果能夠持續在報社服務，對國家社會的貢獻會比較大。

我被老闆說服了一半，也就是說，我改選國大代表，並繼續在報社服務。一九七三年我宣誓就職，與從中國大陸來台的一千多名不必改選的國大代表成為同僚。

我就任國大代表的前一年，蔣經國出任行政院長，他的父親蔣中正總統身體已經崩壞，黨政軍特已全由蔣經國掌握。一九七五年蔣中正總統去世，副總統嚴家淦繼任過渡。一九七八年，蔣經國和謝東閔被國民大會選舉為正、副總統。

謝東閔是本土政治家，蔣經國當年選擇謝東閔做副總統，當然是另一種政治考量。那個時候中華民國已喪失聯合國代表權，國際處境一日三墜，台灣本土新一代已經崛起，要求政治改革的聲浪逐日擴大。到了一九七八年十二月，台美斷交，一九七九年緊繃的台灣政治終於爆發美麗島事變。

也就是說，作為半個政治人，我在青年時期就已經經歷了台灣政治的諸多衝擊。

或者換句話說，政治的複雜內涵在我三十幾歲的時候已經不斷驚擾我的心神。

三

我在以政治新聞和政治評論為主軸的自立報系前後服務了二十七年，其中十四年也任國大代表。之後去公共電視擔任了兩屆董事長。離開報界後，我曾任行政院政務委員、監察院監察委員。

如此這般，本人服務社會已逾半世紀。五十幾年來，台灣已換過七位總統，三次政黨輪替。政治從威權逐步走向民主，經濟從匱乏逐步走到繁榮，兩岸關係與國際情勢也風雲變幻，令人驚心。

二〇一四年卸任公職後，我並未退隱，繼續發表了很多政治論述。二〇二二年我把五十幾年來發表過的政論以及後來探索天理、地理、物理、人理的著作彙整為《筆耕福田》一書，作為人生的段落區隔，並宣告封筆。

為什麼宣告封筆？

這是因為我已行年八秩，而且青年時期矢志參與推動國家進步，已見可喜成績。

儘管台灣的優質民主來日方長，儘管兩岸紛擾依舊，儘管國際均勢不斷重組，我認為既已飽經風霜，應可不再煩心俗世，大可從此笑看花開花落、雲卷雲舒。

可是封筆顯然只是一廂情願，周圍不少師友總是鼓勵我持續寫作。他們特別認為我對政治之為物應多闡述，以裨益台灣社會。

事實是我善言已盡；在包括《飛越宇宙人間》、《紅塵實錄》、《台灣跨世紀建設論》、《論台灣及台灣人》、《福爾摩莎實錄》以及以《人間逆旅》為題的回憶錄等六本拙作中，我已把話幾乎都說盡了。

可是，鼓勵我的師友卻說：你涉入政治頗深，應另有一書，全面、完整、深入地解剖政治。他們還說，你超越黨派，見解公允，如能直白論述，必能對同胞的獨立思考和判斷大有裨益。

四

由於體力、思考力、意志力都還處於不錯狀態，幾經考量，我決定接受師友的建言。

可是，這明顯是一個自討苦吃的決斷。

這話又怎麼說呢？

我對理論政治的理解，是五十幾年間斷斷續續閱讀的累積，所以必須重頭翻閱一回。

我對實際政治的理解，也是五十幾年間一大堆事件的經歷，所以必須重頭回憶一遍。

這個重頭閱讀和重頭回憶，花了很多時間；又因為堅持深入淺出，本人使用了很大心力。

近十年來，我寫的每一本書都會有公益機構大量購買寄贈全國圖書館，我本人也會大量購買寄贈各方，《民誌月刊》也都全書分期轉載，可是我根本不敢奢望有多少同胞會閱讀，更不敢預測這本小書會對台灣政治產生多少優質效應。

差堪自我告慰的是，行年八十竟然還能完成這麼一件追古溯今、八荒求索、成就台灣的寫作。

是為前言。

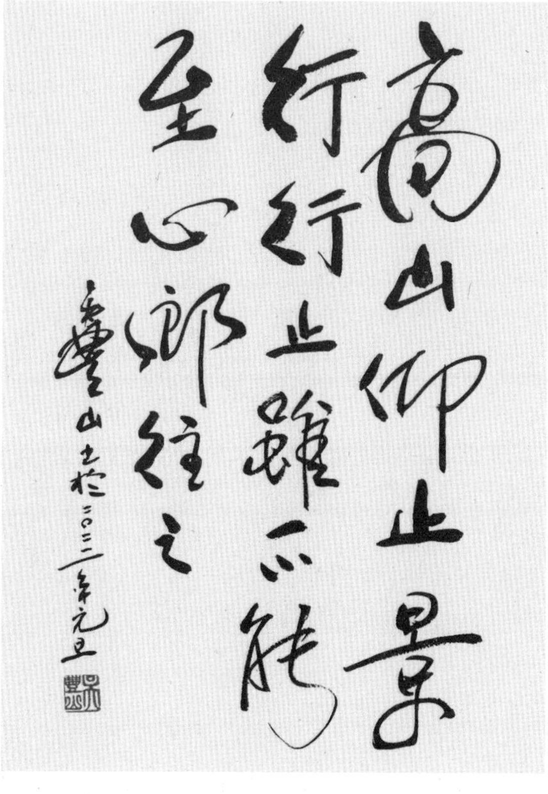

【一說】政治是什麼東西？

對國人同胞而言，政治一詞的定義，最廣為人知的應該就是孫中山所說的「政治就是管理眾人之事」。

其實這個定義只是片面指述政府的正向功能，政治一詞的定義不能如此簡化。

綜合本人理解，政治是人類生存發展過程中逐步形成的一套公眾互動機制，其中包括政治權力的爭取以及其後使用公權力遂行管理、監督、控制、懲罰、徵收、徵召、服務、分配、調節、補償、獎勵等作為。

透過這一套機制，在涉內政務上，政府徵稅以推動國家建設，徵兵以堅強國防，發展經濟以利益民生，情治單位知所節制不傷忠良，並藉由司法和監獄維持社會秩序，再經由公平選舉以保障人民參政權利；如果漫無章法，便是壞的政治。

在涉外政務上，如果經諸般協商，建立外交關係，以及文化經貿交流，便是好的涉外政治。如果動不動就與他國交惡，乃至於動起干戈，讓百姓戰死沙場，或不幸遭受國際杯葛，搞得在地表上寸步難行，便是壞的涉外政治。

有史以來，政治公眾互動機制使得政治權力集中到統治階層，具有善智慧的統治階層會發揮善智慧，運用政治機制的正向功能，造福子民，形成一段時期的治世；具有惡智慧的統治階層會惡用惡智慧，運用政治機制中的負向功能，欺壓百姓，造成一段時期的亂世。

有文字記載的人類歷史近萬年，以上所說的善惡景況不斷循環重複。坦白說，作為萬物之靈的人類並沒有能夠真正從歷史循環中得到多少教訓；所以現在地表上八十億人，仍然有很大一個百分比過著非人生活，而且萬千年來，人類相互爭戰不曾停止。在二十一世紀的今天，戰爭的恐怖陰影還一直籠罩在人類的上空。

淺見以為：假使政治是個好東西，那麼人類的命運不應如此不堪；如果政治不是個壞東西，它卻又駕乎一切之上，那麼如何不斷更革，就變成人類的一大共業。

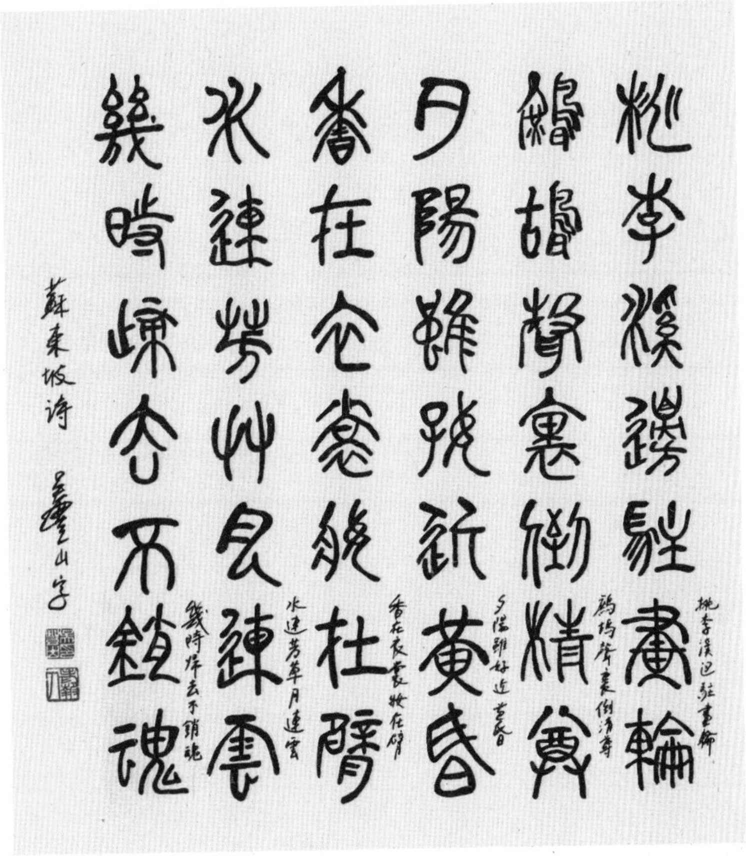
桃李溪邊駐畫輪
鷓鴣聲裏倒清尊
夕陽雖好近黃昏
香在衣裳妝在臂
水連芳草月連雲
幾時歸去不銷魂
蘇東坡詩

【二說】政治學

在西方，政治一詞源自希臘語。研究歷史的學者說，古希臘的雅典人將修建在山頂的衛城稱為「阿克羅波里」，簡稱「波里」。城邦制形成後，「波里」成為具有政治意義的城邦的代名詞，政治成為城邦公民參與的統治與管理活動，英語 politics 就是這麼來的。

中國是文化古國，《尚書》有「道洽政治，澤潤生民」一語，後來歷代逐漸形成各種制度和秩序，此即所謂「政」，至於「治」大約都指善政。

政治顯然是人類社會最重要的事務，那麼必然會有人用心琢磨政治之為物。

孔子有很多政治論述（註①），以學術標準，孔子不是政治學家。老子《道德經》（註②）強調的無為而治也是政治論述，但他被認定為哲學家。司馬遷的《史記》（註③）基本上是政治史。司馬光的《資治通鑑》（註④）也是政治史。至於韓非的《韓非子》（註⑤）以及趙蕤的《反經》（註⑥）談的都只是治術。

國際政治學界普遍認定柏拉圖（西元前四二八～三四八）是有史第一位政治學家，他所著《理想國》一書流傳至今。他的弟子亞里斯多德（西元前三八四～三二二）也被認為是政治學的創始人。

亞里斯多德的學生亞歷山大大帝（西元前三五六～三二三）後來征服了地中海周邊。他死後，帝國被手下將軍瓜分，產生了巨大的政治形式變化，於是政治學逐漸枝繁葉茂。但一直到馬基維利（一四六九～一五二七）橫空出世，才出現現代意涵的政治學。他的名著《君王論》因為歌頌霸術而惡名昭彰，但他對如何獲得權力和如何使用權力的論述，從某個角度看，確是政治的核心。

英國學者約翰・洛克（一六三二～一七〇四）的社會契約論述主要強調人民通過社會契約組建政府以維護生命、自由、財產等不可剝奪的自然權利；不能達成這種使命的政府，人民可以起而推翻。這種見解後來影響了美國獨立戰爭，並且構成了一七七六年的美國獨立宣言。

另一個法國學者孟德斯鳩（一六八九～一七五五）認為英國的政治是建立在議會和君主之間的權力分立和平衡上，後來美國立憲採三權分立便是受了孟德斯鳩理論的影響。

美國獨立建國後，在紐約的哥倫比亞大學開始政治學研究，但那時代歐洲仍是世界的中心。卡爾・馬克思（一八一八～一八八三）和弗里德里希・恩格斯（一八二〇～一八九五）提出了劃時代的唯物主義經濟理論。他們二人認為「流行的價值觀和文化，只是反映了統治菁英的品味和需求」，「如果此種現象未能改變，那麼依據歷史規律，國家將被無產階級推翻，然後建立社會主義政權」，也就是共產主義國家。

也許由於世上苦人多吧！馬克思和恩格斯的政治見解後來被一些革命造反者接納，在十九世紀和二十世紀形成一片共產主義風潮，一直到上個世紀末，蘇聯解體，共產主義才不再是政治時尚。今天，古巴、北韓、寮國、越南、中華人民共和國是地表上僅存的共產主義國家。其中越南和中華人民共和國只在憲法上堅持共產主義，其實已把資本主義大幅吸納進入國家治理方略。

科學界有所謂科際整合。現代政治學當然也受科際整合的影響，所以一世紀以來，政治學面貌一新。行為科學、地緣政治學、政治經濟學都變成另一種顯學。

德國的馬克思・韋伯（一八六四～一九二〇）是第一個研究官僚主義的學人。

美國的塞繆爾・亨廷頓於一九九六年發表《文明的衝突與世界秩序的重塑》一書，運用文化理論指出新興的國際體系構成了文明的衝突。

政治學研究可謂百花怒放，但作為一種科學而言，政治學一直存在爭論。

政治學很難驗證因果，政治學尤其難以應對快速變化的政治實際。對政治學的最嚴厲批評是：政治學可以描述什麼，但永遠無法辨別可能是什麼。或者說，政治學越想努力成為科學，就越遠離當今的緊迫問題。

淺見以為：即使毫無爭論的科學也非萬能，那麼，以不可捉摸的人性作為運作核心的政治，要想得出一套鐵律，當然難上加難；不過，研究人類政治體制、政治行為，對人類的整體提升應該仍有正面效能。

以政治學為題，當然不是短短兩千個字可以盡述。本人因為考量把另外一些西洋政治學論述擺放在稍後諸多篇章比較合宜，便就先在此打住。

【附註】

註①：《大學》、《論語》、《孟子》、《中庸》四書合稱儒教聖經。據考證，孔子的弟子顏回和曾子是《大學》一書的作者。孔子的孫子子思是《中庸》一書的作者。《論語》是孔子與學生的問答錄。《孟子》一書作者為孟子。

據陳立夫在所著《四書道貫》一書解說，孔子學說旨在鞏固既定政治社會秩序，是治國要領，不是政治學說。

註②：老子著《道德經》一書，強調無為而治乃是天理。

《道德經》最精要之處在於以哲學思維指陳道體是有亦無，是始亦終。其中相關治道最重要一句話「太上，不知有之；其次，親而譽之。其次，畏之；其次，侮之。信不足焉，有不信焉。悠兮其貴言。功成事遂，百姓皆謂我自然。」

解為白話文「第一等政府是讓人民自然運轉。第二流政府是要天下人民親近政府又歌頌政府。第三流政府是用嚴刑峻法讓人民畏懼。第四流政府行暴行。第三流和第四流政府，人民根本不信，而且會走上侮慢反抗之路。所以說為政之道是無為不言，百姓自然安居樂業，天下太平。」

另有一句「治大國，若烹小鮮。以道蒞天下，其鬼不神；非其鬼不神，其神不傷人；非其神不傷人，聖人亦不傷人。夫兩不相傷，故德交歸焉。」

解為白話文「治理大國要像蒸小魚一樣，要清靜無為，不要熱火炸作。在位者以道君臨天下，邪惡就沒有展現神威的空間。人民不求神蹟靈驗，就不會受制於神道靈界的制約。也可以說，不是牛鬼蛇神不能傷人，而是聖人之道不會傷人。大家都不相互傷害，就回到本德天真了。」

老子顯然認為，假如不能找到支配大自然的法則，就無法理解宇宙運轉和人間萬象。世人因此認為老子的《道德經》是哲學著作。涉及政治部分專講治術，與現代政治學定義不同。

註③：司馬遷是西漢漢武帝時期的太史令。所著《史記》一書記載從黃帝到漢武帝太初年間共二千五百年中國歷史。全書分本紀十二卷、世家三十卷、列傳七十卷、表十卷、書八卷，計五十二萬餘字。司馬遷自道「究天人之際，通古今之變，成一家之言」，一般認為是史學與文學之作。

註④：《資治通鑑》是北宋史學家司馬光的大作，除正史外也採納雜史。其內容從西元前四〇三年的周威烈王二十三年三家分晉寫起，一直到五代的後周世家顯德六年（西元九五九年）共十六朝一千三百六十二年的編年通史。全書二九四卷，三百餘萬字。一般認定《資治通鑑》也是一本歷史與文學之作，是繼《春秋》一書之後的巨著。

史料記載，司馬光撰《資治通鑑》歷時十九年。書名為宋神宗所定，取意「有鑑於往事，有資於治道」。其中對戰爭記述甚詳，對治道也盡力著墨，因此後世稱為「帝王之書」。

維基百科說，毛澤東讀了十七遍。後來也有史學家批評本書有些記述失實，而且編年不當。

本人認為本書基本上是歷代統治史，不是現代定義的政治學。

註⑤：韓子著《韓非子》一書，分二十卷、五十五篇。

《韓非子》主要思想認為在君王統治上無論特定喜好或不喜好，都不能被臣下推測與掌握，君王的統御方式應該陰晴不定，而且必以殺戮和慶賞為要領，讓臣下畏懼。並認為五種人應除之以絕後患。

哪五種人呢？學者（儒以文亂法）、言談者（妄議朝政從中牟利）、帶劍者（俠以武犯禁、以武力干犯法律）、患御者（逃避徵兵影響國防）、商工之民（不事農耕、囤積居奇、與農爭利）。

評論《韓非子》的人，說他說理周密，但心中含恨，並不足取。

本人認為《韓非子》雖自成一家之言，但失之於偏，且專談法家治術，也非現代定義的政治學。

註⑥：唐朝文士趙蕤著《反經》，亦名《長短兩術》。他檢視唐朝以前的歷史人物和事情。趙蕤自己寫的序文說他擔心一般儒生被自己的學識侷限，不懂得王道與霸道的區別，所以他才用心分析通變的道理。

全書分四卷。卷一為大體、任長、品目、量才、知人、察相、論士、政體。卷二為君德、臣行、德表、理亂。卷三為反經、是非、適變、正論。卷四為霸圖。

仔細拜讀，覺得作者語重心長，但並無多少高論。全書講的限於統治之道，並非政治學術。

【三說】國家

國家與政治相互連結，互為表裡。

在國際法上，國家有四個構成要素：人民、土地、主權、治理。其中主權以國際承認為認定標準。

在國際社會，國家之外另有「政治實體」（political entity）。「政治實體」在國際運動、關稅等活動上被接受為一個成員，但在以國家為單位的國際事務上被排除在外。

在人類開始有文明的初期，並沒有國家這個東西。

人類生活的相互依存性很高，在交通工具尚未發達、人類以步行為運轉要領的時代，方圓一、二千平方公里已是很大的地塊。

人類群居，會自然產生領袖，於是有一個頭目的土邦開始出現，而且延長了很久一段時間。玄奘（註①）到印度去取經是在西元第七世紀，那時候叫做天竺的印度有幾百個土邦。印度半島成為一個現代意涵的國家是二戰結束、掙脫大英帝國殖民統治之後的事。中國史書上記載堯舜禪讓（註②），也記載秦始皇統一中國，但事實是在對岸大地上有很多時段同時存在多國。

一個民族很容易自然形成一個國家，至今單一民族國家仍是世界上國家的多數。但國家的數目在二戰結束後才倍增，這是各殖民地紛紛脫離殖民母國的結果。

美國號稱民族大熔爐。在美國，什麼膚色的人種都有，那是因為「新大陸」出現新希望的自然結果。新加坡也是多民族國家。多民族國家治理成功不易。很多多民族國家傾軋不斷，甚至於內戰不斷。

二戰期間，德國的希特勒殺害了六百萬猶太人，惡名昭彰。過去幾年緬甸清除羅興亞人，備受國際譴責。

孫中山當年造滿清帝國的反，口號是「驅除韃虜、恢復華夏」，韃虜指的就是滿族人。到後來民國成立，才合漢滿蒙回藏五族為中華民族。可是外蒙古後來獨立成一個國家，新疆（回族）和西藏（藏族）今天雖然在中華人民共和國疆土之內，但治理糾紛一籮筐。

從十九世紀到二十世紀前期，大英國協被稱為「日不落國」，是英國積二百餘年貿易、移民、武力征服的產物。在二〇二三年時包含五十三個國家和屬地，其中十六個國家以英國女王為共同元首。伊莉莎白女王已於二〇二二年過世，現在很多人相信，大英國協將逐步走向瓦解。

「歐洲聯盟」始於一九五二年六個國家組織的「歐洲煤鋼共同體」，一九六七年統合為

「歐洲共同體」，一九九三年再統合為「歐洲聯盟」。今天，有二十七個國家交出一部分主權，追求歐洲共榮。

一九一七年俄國發生共產革命，一九二二年俄羅斯、白俄羅斯、烏克蘭、外高加索合併成立「蘇維埃社會主義聯邦共和國」，後來不斷有新邦加入。這個蘇聯在戈巴契夫推動自由化、民主化和市場經濟後解體。二〇二二年蘇俄對烏克蘭發動戰爭，給世界秩序造成很大震盪。

在國家串聯與解體之外，國家與國家之間另有一種利害整合。

二戰後由美國主導的「北大西洋公約組織」主要目的在於防範蘇俄對歐擴張。

同樣於二戰後成立的「聯合國」（註③）包容了世界上大多數國家，目的是追求國際永久和平。可是「聯合國」成立迄今，地表上仍然戰爭不斷。

可能是某些國際政治家認定和平不易，但合作可行，所以「亞太經濟合作會議」、「東南亞國家協定」這一類組織不斷出現。在美國與中國開始競爭超霸地位之後，新的「印太聯盟」、「五眼聯盟」又加油添火。

總而言之，一個國家的內部治理都極為不易，數個國家的國際關係處理更是難上加難。

從太空看地球，根本看不出有什麼國界，但在這個大宇宙中的小藍色球體上，國與國爭端不斷。中國和印度每隔一段時間就在喜馬拉雅山下比手劃腳。美國花鉅款在墨西哥邊界建築萬里長牆。日本政府嘴巴說與台灣友好，但我們的漁船連在釣魚台附近捕魚都常被噴水驅除。中華人民共和國喜歡把「兩岸一家親」掛在嘴上，但戰機、戰船不斷騷擾台灣，而且每隔一段時間就說「不放棄武統」，也就是說，他們不惜有朝一日用飛彈槍砲殺死台灣人。

談到這裡，本人不得不指出，部分同胞對國與國關係的理解，有其謬誤。

我們習慣上把與我國建立外交關係的國家稱為「友邦」，因此誤以為凡與我國建立外交關係的國家就是朋友。

事實是：人是血肉之軀，國家是機器。血肉之軀才有感情，機器只會加減乘除計算利害；一旦利害結構有變，關係隨之改變。

國與國關係，即使互建外交關係也只稱「盟邦」，而「盟邦」關係是會隨時改變的。

且以蘇、美、中、台四角關係為例：

國共內戰時，中國共產黨與蘇聯共產黨稱兄道弟，但中共建政不久，中共政權與蘇聯就逐步反目。現在因為把美國當成共同敵國，中俄關係又日趨緊密。

國共內戰時，美國支持中國國民黨。國民黨在內戰中失敗後，美國發表白皮書與蔣中正政權割裂。不久東西冷戰成形，美國不只恢復與國民政府交往，還簽訂了共同防禦條約。

但到了一九七八年因想聯中抗俄，立即以關係正常化為由，與中共建交，與中華民國斷交。到了二〇一六年，美國川普開始與中共打起貿易戰，美國與有外交關係的中共衝突不斷，與沒有外交關係的中華民國台灣反而彷彿水乳交融。

蘇、美、中、台關係在過去八十幾年間的變化，完全是機器加減乘除的結果。這當中也許還動用了幾何、三角、微積分，但算計依然。

美國學人約瑟夫・奈伊（Joseph S. Nye, Jr.）著有《強權者的道德》一書，解析一九四五年以後十四位美國總統處理國際事務的手法。他認為道德思考應是決定國家安全戰略的核心因素，但他也直言，民粹主義不僅窄化了道德視野，並且自我破壞了美國在全世界的領導地位。

本人認為，奈伊的寫作目的在於期許。二戰後迄今，美國對外戰爭不斷，如果其中曾有良好的意圖，敢問：是否也有很多非適當的手段？

中共現在在非洲、中東、中南美洲的勢力已超越美國。中共好像很喜歡標榜真心親善；然則，本人所看到的人類政治史是國強必霸。羅馬帝國最強盛的年代羅馬軍團橫掃歐亞非三洲。蒙古成吉思汗的鐵蹄一直衝到黑海。英國最強大的時候在印度鞭打甘地領導的不合作主義的志士。小小一個日本帝國在二戰後期佔領了半個中國和大半個東南亞。希特勒全盛時期侵略了周邊每一個國家。蘇聯最囂張的時候還跑到美國後院部署飛彈⋯⋯

二〇二三年三月底，宏都拉斯以持續盟邦關係為條件向我國需索二十五億美元，我國不從，於是斷交。您當然可以痛罵那位女總統卡斯楚不知廉恥，事實是她當權的國家正作垂死掙扎。

二戰後，美國以大筆金援在歐洲推動馬歇爾重建計劃，您當然可以讚揚馬歇爾仁心仁術，事實是美國為了防堵蘇聯擴張，只好花錢消災。

同樣的道理，二戰結束後已敗退台灣的中華民國與戰敗國日本簽訂合約，我方不索取一分一毫，您可以說蔣中正總統以德報怨，事實是那個時候我國需要日本站到中華民國這邊。一九七二年日本百般猴急地跑去與中共建交，您可以說日本忘恩負義，事實是日本想要先佔中國市場。

罵宏都拉斯總統不知廉恥，很是痛快，可是她為了國家生存，您把她罵得更難聽，她其實也只能不顧廉恥。

史料上記載，張群當年奉命去簽中日合約時，日本的外交家說「您們是泱泱大國，所以……」張群答覆對方「不對，我們現在是小國！」

這幾年來，多國政客很愛來台參訪。怎麼會不愛？來台灣有吃有拿，有時還授勳，而且我國報章電視還會對來客情義相挺讚美一番。

讀到這裡，可能您會認為我反對吃拿、反對授勳、反對讚美。

那麼，我要很坦白地告訴大家：換任何一位領導人來操作台灣這部國家機器，都會一般無奈。老超霸美國明顯把台灣當作他卵翼下的一個政治實體，常常頤指氣使，可是台灣

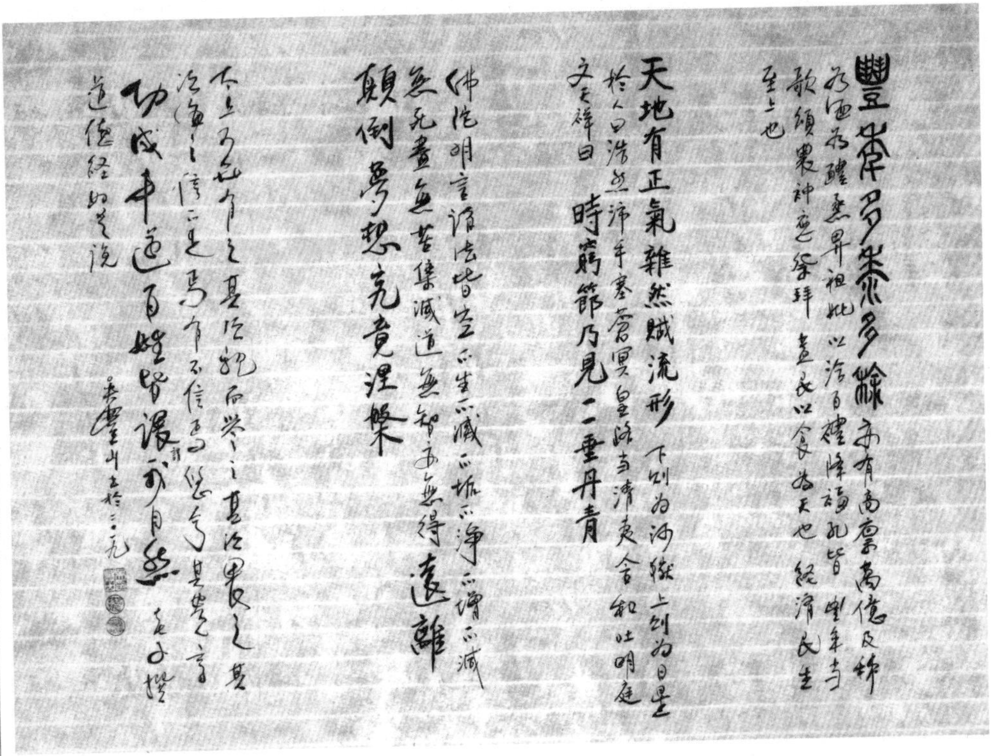
豐年多黍多稌
天地有正氣雜然賦流形
時窮節乃見一一垂丹青
遠離
顛倒夢想究竟涅槃
功成事遂百姓皆謂我自然

確實需要美國罩護。新超霸中共這一、二十年來千里迢迢，跑去非洲、中南美洲廣結善緣，偏偏對他嘴巴上的「台灣同胞」死纏爛打。

在這種國際現實下，台灣有些時候可以不卑不亢，有些時候只能委曲求全，有些時候甚至於必須田螺含水過冬。

能夠存活，才可能指望明天。只要我們能夠不斷自強，我們就可期望光明的未來；一時隱忍也可視為胯下之恥。

假如您不信服本人前一段說詞，那麼您可以自己去檢視七十年來的中華民國外交史，看其中多少血淚辛酸。更令人難過的是，當國民黨執政的時候，遇有盟邦與我國斷交，在野政黨指責國民黨；當民進黨執政的時候，遇有盟邦與我國斷交，在野政黨指責民進黨，而且諸多指責同一套說詞。這就變成面對逆境時，同胞非但不能同仇敵愾，反而相互踐踏。

且讓本人再多說一句實話：瞭解國際政治的人都知道，「國際社會沒有永遠的敵人，也沒有永遠的朋友，只有永遠的利益。」（典出十九世紀英國首相帕麥斯頓。他說：英國沒有永遠的朋友，也沒有永遠的敵人，只有永遠的利益。）我很期望我國各不同政黨的菁英都能瞭解這個真理，然後在涉外事務上同心協力。

或者，我應多說一個道理，二戰後台灣曾接受美援。更早時段，多國教會曾派員來台救助弱勢。其實我們也可把今天我們援助他國視為回饋國際。

最後，本人從庶民眼光補充「國家」一詞的意涵。

國家一詞從各種不同角度看待會生出各種不同的風貌。

從政治角度看到的是，政治體制的歧異。

從地理角度看到的是，位處熱帶、亞熱帶、溫帶、寒帶和南北極的很大差別。

從膚色角度看到的是，白、黑、黃、紅不同的種族。

從天然資源角度看到的是，有的國家根基深厚，有的國家面黃肌瘦。

從自然景觀角度看到的是，有的國家山明水秀風情萬種，有的國家沙漠一片寸草不生。

從國土面積角度看到的是，有的國家幅員遼闊，東西南北綿延幾千公里，有的國家騎部腳踏車半小時就騎到別的國家去了。

如果再把國土面積與人口多寡合併看待，有的國家地廣人稀，有的國家地狹人稠。地廣人稀的國家一百公頃農地可能不到五千萬元，地狹人稠的國家要在城市買個幾十坪的蝸居可能五千萬元也不濟事。可以說，其中差別不可以道里計。

從太空看地球，看不到國界，看不到膚色，看不到民主或專制，回到地面才知道這顆大圓球上有兩百多個國家和政治實體，而且亙古以來，天災人禍不斷。

亙古以來人群在陸地上移動，原先最快的速度靠跑馬。大約四百年前有些國家造出了大帆船，渡海四處找尋殖民地。大約二百年前開始有了蒸汽火車，地面上的移動速度大幅加速，蒸汽火船也使海面上的移動速度大幅加速。然後到了大約一百年前，飛船、飛機開發出來了，全球快速移動成為可能。到了大約七十年前噴射飛機使得人們想到地球上的某一個點，可以朝發夕至。

現在好幾個國家決意參與太空競爭，很諷刺的是，人類在地表上有一大堆問題根本沒有解決。

淺見以為：人性可以善到極善，也可以惡到極惡。至於國家與國家之間關係的變化全憑算計。

真是蒼天不仁！

【附註】

註①：玄奘（六〇二～六六四）俗姓陳，名褘，中國隋朝河南人。

據史料記載，玄奘自幼聰慧，因家境困難便就出家學佛。隋朝滅於唐後，玄奘本來要去長安，因得知高僧皆在四川，便改往成都，在那裡受具足戒。

在成都期間，玄奘深感所謂異說不一，於是決心前往佛教創始地天竺。西元六二九年出發，千辛萬苦越過帕米爾高原抵達天竺。

玄奘在天竺十七年，遊歷百餘土邦。西元六四三年攜帶六百五十七部佛經返回長安獻給唐太宗。唐太宗請他長駐弘福寺譯經。他花了幾十年時間，譯出七百二十四部共一千三百三十八卷佛經。

小說《西遊記》以玄奘為三藏原型。後來考據家說，部分屬實，部分誇大。

註②：「禪讓」一詞解為在位君主生前便將統治權讓給賢能的他人，是一種理想的政治制度。

《尚書》記載堯禪讓舜，舜禪讓禹。

但《尚書》的記載，後來被很多學者質疑其真實性。

好玩的是，二〇一三年中共機關刊物——《求是雜誌》刊文認為中共最高權力的更替「具有傳統的禪讓色彩」，而且打破了古代禪讓終身制的侷限。說其中特點為「一黨領導、全國選拔、長期培養、年齡限制、定期更替」。

《求是雜誌》的說詞被美國國務院下屬媒體「美國之音」當作笑話。

二〇二三年，習近平三連任，打破了「定期更替」，我們沒看到《求是雜誌》再說什麼？

註③：聯合國（United Nations，簡稱UN）是一個由主權國家組成的政府間國際組織，其宗旨為致力於促進各國在國際法、國際安全、經濟發展、社會進步、人權、公民自由、政治自由、民主以及實現持久世界和平的合作。目前有一九三個會員國。總部設在美國紐約，所轄國際法院設在荷蘭海牙，世界衛生組織在瑞士日內瓦，世界銀行以及國際貨幣基金組織設在美國華盛頓，糧食及農業組織設在義大利羅馬，國際民航組織設在加拿大蒙特婁，國際教科文組織設在法國巴黎。

維基百科記述，「聯合國」一詞係於一九三九年美國總統羅斯福首先使用。一九四二年一月一日，二十六國政府簽訂了「聯合國共同宣言」。一九四六年在英國倫敦召開聯合國大會第一次會議。紐約總部於一九五二年完工。

聯合國成立後冷戰對立，弱化了聯合國功能，常任理事國的設計也給公平議事製造了諸多糾紛。聯合國的武裝維和功能只在低程度衝突時發生作用。

中華民國明明是主權獨立國家，而且是共同創始國，只因為後來中華人民共和國坐大，便被硬生生地在一九七二年排除會籍。

公道地說，聯合國只在諸如國際航空、衛生醫療、金融貨幣這些事務上有其功能。若升高到大國均勢競爭，公義就被狗吃掉了。

【四說】政治體制與國家元首

二〇二三年聯合國有一九三個會員國家。基本上每一個國家的政府體制都是長時間演變之後的產物，因此很難盡述其中細節，只能大分為幾種類型。

大分為二的話，就是民主與專制。

如果政治裡頭有自由投票、有政黨競爭、有定期改選、有言論自由，就可列入民主國家行列。

如果有投票但非自由、有政黨但不能競爭、有定期改選但改選流於形式、說有言論自由但沒有批評自由，那麼就會被歸列為專制。當然如果連選舉、政黨、言論自由都沒有，那便是百分之百的專制國家。

民主也可再大分為總統制民主與內閣制民主二類。有的學者再細分為三類。第三類叫總統、總理雙首長制。

如果窮究政府體制，會看到政治人物的「智慧」讓政治可以花樣百出。

您說上個世紀德國的希特勒和義大利的墨索里尼是民主國家元首或專制國家元首？

事實是：一、他們都經由選舉崛起。二、槍桿子是他們強而有力的後盾。您怎麼說蔣中正？憲法本文明定總統得連任一次，多了一個「動員戡亂時期臨時條款」之後，他五任總統都經由國民大會票選。

恐怕您更難解說毛澤東，他自從越過周恩來等人取得共產黨領導權之後一直到過世，不管他擔任什麼職務或不擔任什麼職務，他一直就是中共最高領導人。

不管採行總統制或內閣制，民主國家在行政、立法、司法三大權力之間都有明文或非明文的分立和制衡機制。可是不同的元首執政時，三權互動會生出變化；如果是強人當家，立法機構會變成行政權下的立法局，司法也會變成強人的鷹犬。

中國帝王世襲制沿襲數千年，一家人幾代輪流當皇帝，必然有的英明，有的阿斗。農業社會結構單純，您可以發現，除了水利和交通之外，國家不需要太多囉哩囉嗦的建設。百姓如果規規矩矩地完糧納稅，大都可以與官府相安無事。但如果碰上好戰的皇帝，大概不馬革裹屍，也會民不聊生。

唐朝有所謂貞觀太平盛世，諫官在那個時代扮演了防腐角色。魏徵是一個常被拿出來標榜的諫官。史冊上記載唐太宗能夠察納忠言，說有一次魏徵知道唐太宗要將一位十七歲才貌出眾的女子納入後宮，便犯顏直諫，要唐太宗「嬪妃滿院，也要想到百姓有家室之歡，何況該女子原已許配他人」。史冊上記載唐太宗改變了原詔，但魏徵過世後不久，有一佞臣構陷魏徵，唐太宗也就樂得順勢把自己給魏徵寫的墓誌銘毀了。

假如史冊記載無誤，那就表示唐太宗也只是一時隱忍而已。

記述政府體制必然掛一漏萬。天底下只有民主或專制？當然不是。天底下只有君主至上？當然不是。

日本天皇萬世一系，但碰上德川家康（註①）一切都變了。德川家康建立的幕府體制，把天皇晾在京都兩百多年，一直到明治維新才「大政奉還」。

不過今天日本天皇跟歐洲保留皇室的皇帝一樣，他們只扮演象徵性角色，也就是只在儀式舉行的時候，才看到皇帝的尊容。

中國的末代皇帝傅儀沒有被送上斷頭台，但在國民政府給予短暫退位禮遇後，他被日本軍閥玩弄於先，被共產中國勞改於後，後半生過得連一條狗也不如。

南韓是個民主國家，二戰後歷任總統大都是民選產生，但至今幾無一人善終。有人說由於韓國民性強悍，有人說由於韓國司法清明，有人說由於因果昭昭。

您又怎麼說菲律賓的馬可仕和印尼的蘇哈托呢？

馬可仕選上了菲律賓總統後就不下來了，更糟糕的是他和老婆伊美黛貪腐無度。

一九八六年被美國用飛機載走之後，後繼者查出他們賢伉儷貪污了天文數字的美元。本人在馬可仕當權時期，因公務關係多次訪菲。從機場進入馬尼拉市區應建一條高架公路，馬可仕就是不建。老舊馬路上公車、轎車、貨卡、馬車、摩托車和乞丐塞滿路面，令人

不忍卒睹。（註②）

蘇哈托是印尼總統，他在那個位子上一坐三十二年，貪污的錢堆積如山。直到一九九八年被推翻後，印尼人民才重見天日。（註③）

本人想更深入談一談國家元首與國家榮枯。不過因為各國國家體制不一，不少國家的元首虛位，所以我談「一國最高實權人物」與國家榮枯。

經由綜合古今國內外諸多案例，我發現，假如這個最高實權人物人格正直、知人善任、慎謀能斷、樂觀進取，大概就一定會給國家帶來一段時間的榮景。

人格正直是第一要件。人格正直的最高實權人物就會以貪污為恥，會知道要親君子遠小人，那麼這個國家就可能有了善治的基礎。

知人善任是第二要件；因為一國政務龐雜，單獨一人不可能治國，必須選取各類傑出專業人才分掌不同部門，群策群力，才可能面面俱到，做出成績。

慎謀能斷是第三要件，因循苟且、猶豫不決必然貽誤大政。足夠的前瞻力、策劃力和執行力才能使難題迎刃而解。

樂觀進取是第四要件。國家第一實權領導人是國家希望之象徵，只有帶頭的人樂觀進取才能讓國人同胞相信明天會更好，才能讓國家充滿活潑朝氣。

美國第四十任總統雷根（Ronald Wilson Reagan，一九一一～二〇〇四）原為電影演員，後來棄影從政當選加州州長。他具備以上全部條件，八年總統的政績被歷史學家評為美國史上最偉大的總統之一。

中共建政前期，因為共產意識形態作祟，把國家搞得烏煙瘴氣。一九七九年鄧小平成為全國第一實權人物，他知人善任、慎謀能斷、樂觀進取。鄧小平推動改革開放，只二十幾年時間，中共的國家建設面目一新。鄧小平過世至今，沒有人說他貪污，沒有人說他用人唯親。

新加坡獨立建國後，李光耀總理掌權數十年，他具備了全部四個條件，把沒有天然資源的彈丸小國建設成舉世刮目相看的一個現代國家。不少人批評新加坡的民主，本人認為是求全之毀。

中國三國時代的曹操，討厭他的人說他是奸雄，喜歡他的人說他是軍事家、政治家、文學家。本人認定他知人善任、慎謀能斷、樂觀進取。所以才能在群雄爭霸中脫穎而出。不過，他人格確有很大的瑕疵。傳到他的兒子曹丕，四個條件都不及格，所以江山開始頹敗。再傳到孫子，不知人善任、不慎謀能斷、不樂觀進取，遑論人格正直，於是乎政權就日落西山了。

本人為什麼把人格正直列為第一條件？

比曹操更早的秦始皇，他能夠結束春秋戰國時代，開創大一統局面，這是因為他在調兵遣將、運籌帷幄的能力上高人一等。可是他人格十分不正直，竟然為了滿足一己私慾，興建阿房宮，蓄養數千宮女。皇帝當然可以住房宮，在那個時代後宮三、五人亦無不可，可是秦始皇的私慾大如黑洞。杜牧作〈阿房宮賦〉，說阿房宮「覆壓三百餘里」、「五步一樓、十步一閣」。說宮內「明星熒熒，開妝鏡也；綠雲擾擾，梳曉鬟也；渭流漲膩，棄脂水也……」。至於後宮佳麗有多少？「一肌一容，盡態極妍，縵立遠視，而望幸焉，有不得見者三十六年。」所以想要萬世一系的秦政權只過三世就自我滅亡了。

有件事情，本人考量了很久，最後還是決定一本良知，實話實說。

大抵世界各國都會制定一套措施以保護元首安全。大國強國的措施規模大、花費多。小國弱國的措施規模小、花費少。有些小國元首到台灣來訪問的時候，甚至於自己提包包。台灣不是大國，但我國元首的保護措施是蔣中正總統從大中國帶過來的，至今一成不變。這套措施與美國比較，也不遑多讓。

接受這套措施保護的國家元首，前呼後擁、走路有風，如果身邊還有佞臣在耳邊說一些「天縱英明」、「德業輝煌」的小語，不知不覺中，顧盼自雄，變得不可一世。其結果是歷任民選總統到了執政後期，因為驕狂而做出錯誤的事情。

某年，本人陪同一位來台訪問的諾貝爾經濟學獎得獎人覲見某總統，表定接見六十分鐘。總統先生一路侃侃而談，講了六十九分鐘之後才問訪客有何指教？訪客笑說：總統先生，您都說了。然後握別。

幾位卸任總統下台後，官司不斷，那些官司都是執政後期生出來的。

蔣中正在中國大陸的時期，外侮和內戰不斷。作為那個時期的政軍領袖難免一大堆恩怨情仇，所以需要用一大堆隨從來保護人身安全。台灣是個小地方，槍枝也被有效管制。當此之時，原先的龐大維安措施當然應該大幅縮減。可是大概由於被保護的人認為原措施並沒有什麼不好，而周圍的要員也沒有人情願權充罪人，勇於罪言，於是乎大而不當的維安措施至今一成不變。

我假如說清楚現在總統隨扈有幾百人，每一次下鄉要動員幾千人，可能會被認為洩漏國家機密，所以我不說。可是我仍要指出，這樣子的措施對元首不好，對國家不好。

蔣中正過世後，他在士林佔地幾十公頃的官邸，以及全台幾十處別館，連蔣經國也不敢繼續使用，他留下來的維安措施卻沿用幾十年。大家只要稍微想一下，就知道本人為什麼要嚴肅地指出其中不當。

二〇二四年台灣將改選總統，我不知道人民會如何投下神聖一票。不過我很希望同胞能夠瞭解，台灣總統是最高實權人物，您手中一票真的關係國家前途。

政治其實是一種專業，磨練很多的人都不一定可以勝任總統重任，假如他在參選總統以前只有簡單的經歷，而且怎麼看也看不出他精明能幹，我們怎麼放心把國家重擔交付給他？

大概參選總統的人都不會忽然從人群中迸出來，那麼他在以前的崗位上是怎樣一種言行模式？他敬天畏人？他組成過怎樣的團隊？他做出過什麼成績？這些問題都應該嚴格檢驗。

有人說「政治是自作自受」，我奉勸同胞，千萬不要輕忽您手中那神聖一票。您手中那神聖的一票選出來的總統，至少要讓我們國家在國際上很有體面，至少要讓作為國家一份子的我們趾高氣昂。

淺見以為：政治制度確實有其價值，比較合理的政治制度假如朝野依循，可以導致國家長治久安。但再好的政治制度都難敵政壇夭壽角色的摧殘。在那些魔頭的眼中，明文規定也不過就是一張紙頭；如果未有明文，那麼翻雲覆雨就成為他們的拿手好戲！

台灣是民主國家，我們應該慶幸人民有權直選總統，那麼更應該珍惜憲法給予人民選舉公權利的重大意旨。

【附註】

註①：西元十六世紀到十七世紀初葉是日本戰國時代。德川家康是小國諸侯之子，是個武士，歷經諸般磨難，最後打敗群雄，統一日本。他的政權傳了十四代，一直到明治維新時期才告終止。

德川家康的政權稱幕府，他未動世襲天皇，只是讓天皇窩居京都，他在江戶發號施令。

日本人山岡莊八以小說體寫了一千萬字《德川家康全傳》，由講談社印行。台北的遠流出版公司於一九八八年出版了五十二鉅冊的中文譯本。中譯人是何黎利、丁小文。總策劃廖俊臣、柏楊掛名策劃。

註②：馬可仕（Ferdinand Emmanuel Edralin Marcos，一九一七～一九八九）從一九六五年到一九八六年擔任了二十二年菲律賓總統。人民革命使馬可仕不得不下台後，美國政府用飛機把他載往夏威夷避害。

新政權發表的調查報告指出：馬可仕家族從菲律賓中央銀行竊取了五十至一百億美元，從商人口袋貪污的髒錢也是天文數字。

金氏世界紀錄說馬可仕和老婆伊美黛是至今最大政府竊盜案的紀錄保持者。

註③：蘇哈托（Suharto，一九二一～二〇〇八）從一九六七年到一九九八年統治印尼三十二年。被印尼人民暴動逼迫下台後，發現他擁有的資產高達三〇八億美元。

【五說】民主政治是怎麼來的？

人類歷史上有很長一段時間，不管在世界上什麼地方，世襲皇室都擁有絕對尊榮和絕對權力。皇室和世襲貴族形成既得利益結構，除了武士、教士或僧侶有一些社會地位外，廣大的老百姓居於社會底層，卻承擔包括當兵、勞役、完糧、納稅的諸多義務。

西元一二一五年的英國皇帝威廉因為在對法戰爭中失敗，所以賠款議和。為了賠款只好徵收重稅，導致英格蘭爆發內戰。帶頭的男爵迅速控制了倫敦，並脅迫國王簽署了自由憲章。這個自由憲章，後來被稱為「大憲章」。

「大憲章」的英文是 The Great Charter。「大憲章」用拉丁文簽署，拉丁文是 Magna Carta Libertatum。起草人是坎特伯雷總教區總主教史蒂芬·朗頓。這是一份封建社會皇族用以對抗英國國王權力的保障協議。

根據「大憲章」第六十一條，有二十五名貴族組成的委員會有權隨時召開會議，否決國王的命令，必要時還可使用武力佔領國王的城堡和財產。

這樣的協議，當然不可能一錘定音。一二一六年約翰國王去世，他的九歲兒子亨利三世繼位。這個亨利三世在位五十六年，期間皇室與世襲貴族多次折衝。亨利三世過世後，愛德華一世繼位，在一二九七年發布最後一次修訂的「大憲章」，成為英國政治秩序的基石。其中精髓在於議會議政和保障私有財產。

如此這般又過了五百多年，法國發生大革命，繼英國削弱皇權之後，直接推翻了皇室，路易十六上了斷頭台，自由、平等、博愛的理想成為新政治的標竿。

法國大革命對後來世界各國政治體制影響巨大，不可一語帶過。

本人根據歷史記載，盡可能扼要記述如下：

一七八三年六月，冰島火山噴發，火山灰和溫室氣體導致法國氣候異常，農作物欠收，麵包價格大漲。一般家庭一半收入花在麵包上，農民湧入城市謀生更提高了失業率，社會動盪不安。

戰爭必然勞民傷財，路易十五時代法國連年打仗已使國庫空虛，跑去新大陸協助美國獨立戰爭更使債台高築。

偏偏繼任的路易十六和王后瑪麗・安東妮仍醉生夢死過著奢華生活。重稅更使一切雪上加霜。

國家幾近破產，財政大臣成為代罪羔羊，但接任的新財政大臣賈克・尼克是瑞士人，無擔任正式大臣的公民身分。他的改革主張又侵犯了其他貴族利益，國王不得已將尼克撤職，可是繼任的新財政大臣卡洛納提出的新方案又激化了社會。

一七八八年路易十六召開三級會議。這個三級會議由貴族、教士、平民代表組成，每級一票。已經沒有什麼德望可言的這位皇帝依違在三級如何分票的爭議中。一七八九年五月五日三級會議在凡爾賽宮召開，皇帝和三級代表各有提防，會議於六月二十日改到一處室內網球場舉行，部分與會者發表了後來稱為「網球場宣言」的聲明，宣稱必須從速建立法國憲法。國王公開表示讓步，但大量軍隊開始集結，巴黎市民同步醞釀暴動。七月十四日攻陷皇室庫存彈藥的巴士底獄。國王讓步，還巡視巴黎，同意確認藍白紅三色新國旗。八月四日國民制憲會議通過取消封建制度。八月二十六日發布「人權宣言」，成立單一國會。本來默默無聲的婦女也加入造反行列，爭取女權。

一七九〇年四月，制憲會議廢除了王室和世襲貴族，並成立最高法院建立院審制度，還沒收教會財產，將法國教會脫離教宗改歸國家管理。

對路易十六夫婦而言，這是天翻地覆的改變，一七九一年他們打扮成平民企圖逃亡沒有成功。一七九三年一月二十一日國民議會通過審判以叛國罪處死路易十六。隔五天，瑪麗王后也被處死。

從一七八九年到一七九三年是長達四年的革命過程。路易十六判死的前一年，由普選產生的國民大會開幕，並成立法蘭西第一共和國，但新舊勢力仍然不斷衝突。到了一七九九年青年軍官拿破崙發動政變，建立新政權，法國大革命告一段落。一八〇四年拿破崙稱帝，恢復了君主制，直到一八七一年法國在普法戰爭中戰敗後再經過一番波折，君主制才徹底廢除。

不瞭解人類相互傾軋的歷史，不能知道這個「自由、平等、博愛」訴求的崇高價值。事實上它是人類文明史的里程碑，是皇權下降、民權上升的分水嶺。

在歐洲，不只皇帝掌握生殺大權，兼且極少數世襲貴族高高在上，俯視廣大的工農大眾，社會階級流動是靜止的。

在印度，種姓制度牢不可破。印度社會分成婆羅門（僧侶）、剎帝利（貴族和武士）、吠舍（平民）、首陀羅（奴隸）、旃陀羅（賤民）五個等級。不同種姓的社經地位極端懸殊，而且命定終身。

在地表上其他地方，奴工或苦力也是一種底層人種。官尊民卑是極為普遍的現象，而且當官府高壓的時候，百姓的抗拒是非常無力的。

法國大革命發生在一七八九年，現在是二〇二三年，也就是說法國大革命高唱自由、平等、博愛之後，經過兩百多年不斷的奮鬥、改革、立法，所謂「人類生而平等」的理想，才一步一步地在一些國家體現。連號稱追求理想的美國憲法，也非一蹴而成，美國黑人享有憲法明文的平等人權，是到了二十世紀中葉才逐步落實。台灣人民今天享用的自由、人權是一九八八年解嚴之後才充分體現。在那之前，不知多少人付出了慘痛的代價。令人無比難過的是，今天地表上還有不少極為落後的國家，專制獨裁政權仍視自由、平等、博愛如無物。

我之所以用了這麼多篇幅記述法國大革命，是因為這場革命立即影響了歐洲各國。其三權分立以及自由、平等、博愛的理想也影響了美國獨立之後的制憲工程。美國憲政後來又成為世界新生國家制憲的標竿。一直到今天，民主政治的諸多缺失，雖然常被批評或嘲笑，但人類迄今尚未發想出更好的制度。

淺見以為：民主制度的設計本來就必然使民主政治變成吵吵鬧鬧的政治，但只要亂中有序，就比專制獨裁好。

因此，民主制度應該依據實作不斷改革以期臻於至善。但萬不可相信「專制較有效率，所以較好」的鬼話。（註①）

【附註】

註①：可能由於蘇聯解體前，在軍武發展上和太空競賽上一度超前美國。也可能由於中共在鄧小平推動改革開放後短短幾十年獲致很大經濟建設成就，台灣內部竟有一種聲音，說「民主無效率，專制才可事半功倍」。

效率假使來自專制專斷，還需靜觀後效，蘇聯早已解體收場。二〇二一年至今，中共內部生出一大堆諸如房市泡沫化、金融體制崩壞、新冠肺炎導致大量死亡……等內政危機，尚不論專制以剝奪自由人權所必然衍生的長期禍害。

歌頌專制效率，其實坐井觀天，是一種可怕的無知。

【六說】法治

在三權分立的民主政治體制中，立法和司法佔了三分之二的比重。如果加上行政權必須依法行政，便可見法治是民主政治體制中的重中之重。

立法顧名思義，就是制定法律。司法顧名思義，就是主掌法律規範的有效落實，並且在各方爭執時做出裁判。

誰來立法？各國制度不同。

大抵全由人民選出立法委員，或稱國會議員，來行使立法權。但有些時段、有些國家，國會由部分民選成員和國家元首任命的部分成員合組而成。有些國家的國會分上、下兩院，或稱參議院、眾議院。

有趣的是，大部分國家對民選立法成員沒有太多候選資格限制，不管阿貓阿狗，只要當選了，就是立法委員或國會議員。

這是奇怪的事。不過學理上說，不規範候選資格才能夠讓各行業、各階層都選出他們的代表。

二戰後日本人依據新憲法選舉國會議員，有一兩位酒女高票當選，嘲弄者說：「她一定有很多恩客。」

有些國家，包括台灣，黑社會份子也當選國會議員。這些黑社會出身的國會議員通常打架的表現很強，質詢或立法的能力很弱。

很多國家的國會議員，部分由所謂不分區產生，依據各該政黨在選舉中的得票率，分配名額。這些不分區國會議員，大多擁有一定學經歷，對提升國會整體素質產生了某種正面功能。不過，有些經費困窘的小黨以不分區立委交換巨額政治獻金，也是公開的秘密。

司法體系跟立法體系有很大不同，不管書記官、檢察官或裁判官，都必須經由學校教育並通過國家考試才能取得任用資格。管理監獄的人事，資格要求比較寬鬆。

雖然司法人員的產生有一套嚴謹程序，可是這套嚴謹程序並不能保證所有司法人員都會中規中矩，唯法是尊。假如金錢在處理司法事務的過程發生不良作用，司法天平就會為之傾斜。

「有錢判生，無錢判死」不是台灣獨有的嘲弄言語。「一審重判，二審輕判，三審豬腳麵線」的現象也不僅見諸落後國家。

在司法起訴和審判作業中有所謂「自由心證」（註①），這個「自由心證」留給了司法人員自由馳騁的很大空間。通常賄賂的錢就是穿過這個空隙進入不肖司法人員的口袋。

行政、立法二權分立是制度設計的理想，但好像在不少國家、在很多時候，政治強人會使立法機構變成行政權的下屬單位。

行政、司法二權分立也是制度設計的理想，但好像在不少國家、在很多時候，政治強人會任意指揮司法。此外根據政治現實，有時候比較強悍的立法委員也會依憑司法預算審查權力，對司法機關首長進行不當關說。二〇二三年三月二日我國最高法院刑事大法庭做成統一見解：今後民代收錢，幫人關說、請託或施壓，將構成「貪污治罪條例」公務員職務受賄罪。社會上咸認將有助於節制民代胡整。

我青年時段看過一部叫做「紅鬍子」的日本電影，敘述一位日本青年檢察官為了一件案子該不該起訴而整個晚上踱步暗巷不能成眠的故事。據瞭解，在日本，司法人員貪污是天大新聞，但在有些落後國家相反，不貪污才是新聞。

司法程序曠日費時很被社會詬議，不少官司一拖數年乃至十數年，令人不解其中奧妙。民事訴訟要先繳訴訟費（註②）也令人不解。人民已經繳了稅，不得已打官司卻要另外付一筆錢，在道理上完全說不過去。很久以前，本人讀過一本書，記述一位鹿港養鰻商人，因養殖場被侵佔，不得已打官司。該商人纏訟三十年之後勝訴，但上億財產因為訴訟費和律師費，最後竟化為烏有。

法院開庭的時候裁判官高高在上，打官司的人答詢時要立正站好，這也很說不通。因為在還未判刑之前，打官司的人處於「無罪推定」理論之下。不是嗎？

有一年政府邀請本人參加司法改革會議，我提出了上開質疑並建議改革，與會多人贊同我見，但未被主辦單位採納。

其實老百姓不一定期盼坐著答話，但他們希望法官不要隨便罵人。

三十幾年前，我有一位醫生友人因事與人興訟。出庭的時候法官依例問他學歷，他據實答覆「台大畢業」，法官竟然重重拍了桌子，怒斥「你，台大畢業有什麼了不起！」

寫到這裡，大概在立法、司法兩部門某些同胞會不高興，可是我說的句句實話。

再後談依法行政。

依法行政照民主政治原理，應是鐵則。可是假如政府真的都依法行政，就不會生出「州官可以放火，百姓不可點燈」這句大怨言。

只舉一例：

政府為了做好都市建設必須事先進行建設規劃，因為建設規劃勢必牽扯人民利害，所以立法機構便制定了「都市計劃法」。

現行「都市計劃法」明文都市計劃必須每五年檢討一次；明文在市政建設方案中預定徵收之保留地如果二十年仍未徵收，必須解編。

可是各級政府根本沒有依法「五年檢討一次」，也根本沒有適限「依法解編」，其結果是造成很大民怨。

本人於擔任監察委員期間，為此立案調查。這項調查發現，如果一次依法徵收，各級政府總共必須支出七兆新台幣，政府顯然一時無此能力。

本人因此想出一個解決辦法，那就是既然三、四十年迄未徵收，人口又在減少中，很多原先規劃的設施，比如學校預定地等等，是否再無徵收之必要？如果再無徵收必要，那麼一次全面解編如何？

術業有專攻，本人因此召開學者專家諮詢會議，被諮詢的學者專家一致認同我見。然後本人約詢當任內政部長李鴻源。李部長說，他家族也是被害者，說他將立即辦理一次解編。第二次約詢時，李部長還帶來一份執行計劃書，裡頭編列補助全國三百多個都市計劃委員會一億九千萬元工作經費。

眼看國家一大民怨將可化解，本人頗感欣慰。豈知內政部長不久換人，然後本人也六年任期屆滿下台一鞠躬，事情便見功敗垂成。本人卸任時曾公開希望新一屆委員有人接手調查，可是至今無人問津。

查案期間，本人根據各縣市陳送的資料，知道待徵收土地多達兩萬五千多公頃、牽累民眾以數萬計。本人一向認為一國之內不可能沒有民怨，但也認為假如民怨積累超過一個限度，這個國家的政府與人民之間的感情便就不妙；這是罪言，但卻是實話。

行政權依法行政應是起碼政治規矩，但看起來好像也有難處。至若行政權無法可依時，行政人員的「心態」就更關鍵。

二〇二三年以九十八高齡過世的星雲法師，在九十歲的時候，曾以「生於憂患、長於困難、喜悅一生」為題寫過一篇長文，細述他早年在中國大陸和中年在台灣與官方接觸所遭遇的百般磨難。我特別把此文前半段轉印在後，讓大家瞭解行政權壞的時候可以壞到什麼程度！（註③）

淺見以為：民主政治優質化本來就是一條漫漫長路，善意批評是期望逐步改善；也許不能期望一百分，但六十分總比五十九分好，六十一分總比六十分好。

您說是或不是？

【附註】

註①：「自由心證」一語譯自英語 free evaluation of evidence，意指「證據之證明力通常不以法律加以約束，聽任裁判官之自由裁量。」而這個自由心證指法官不受詐欺、脅迫或賄賂等非法外力干擾。也就是說待法官斟酌辯論意旨及調查證據之後，依倫理及經驗法則去判斷事實之真偽。

從上開文字可以看出所謂「自由心證」並非恣意妄為。

可惜的是，好像不少法官把「自由心證」拆開為「自由」和「心證」，並把「自由」解為：

「只要我喜歡，有什麼不可以。」

註②：現行「民事訴訟法」第三章明定訴訟標的價格之核定及訴訟費用。其中第七十七條之一明文訴訟標的之價額由法院核定。第七十七條之十三明文：因房產權而起訴訟，其訴訟標的之金額或價額在新台幣十萬元以下部分徵收一千元；逾十萬元至一百萬元部分，每萬元徵收一百元；逾一百萬元至一千萬元部分，每萬元徵收九十元；逾一千萬元至一億元部分，每萬元徵收八十元；逾一億至十億元部分，每萬元徵收七十元；逾十億元部分，每萬元徵收六十元；其畸零之數不滿萬元者，以萬元計算。」

第七十七條之十四明文「非因財產權而起訴者，徵收裁判費新台幣三千元。」

其後諸條明文，上訴、再審、抗告、調解之裁判費加增數額。

註③：已故星雲法師寫的〈生於憂患、長於困難、喜悅一生〉一文，長達萬言，本處僅轉載前半文字。

我出生於一九二七年貧窮的蘇北，貧窮，倒不是嚴重的事，國家、社會加諸於窮人的苦難不斷才是艱辛備至。例如北伐戰爭，軍閥到處抓兵抓伕，土匪隨時出沒搶劫，即使一無所有，他們也是要向你敲詐一些財物。

此外，苛捐雜稅更是擾民，就算你擁有幾畝田地，所有的收成全部繳給各級政府，還是無法抵償各種巧立名目的錢糧稅捐。原本一貧如洗的家庭，如李密〈陳情表〉所說「外無強勁之親，內無應門五尺之童」，人丁單薄，再加上父親老實忠厚，經商倒閉，再怎麼辛勤耕種都不夠繳納。

再有，每天還要應付一批又一批的難民路過。他們為了裹腹而奔離故鄉，被稱為「逃荒佬」。地方人士都會出來提供他們一餐飯，他們倒也謹守分寸，吃飽了以後就規規矩矩的離開了。

貧困本身帶來的窘迫也還罷了，窮苦的鄉人甚至把死屍抬到我家，說是我父親打死的，要我們賠償人命。好在最後還有一點公道，冤屈得以洗刷，讓我們能苟延殘喘地存活下來。

接著中日抗戰長達八年，每天兩軍交鋒，白天，飛機不時轟炸，機關槍凌空掃射，炮彈從四面八方呼嘯而來；夜晚，游擊隊和日本兵對抗。百姓外出，都要隨身帶一面日本的太陽旗，遇到日本兵還得彎腰鞠躬，通過他們的搜身檢查，才准通行。

有時為了躲避日本軍的捉拿，不得已睡在死人堆裡；有時為了討生活而涉江，不小心掉入冰窟之中……還是幼童的我，就已經歷九死一生，所以後來即使無端被抓，關進牢獄，乃至綁赴法場，面臨槍斃之際，我都沒有半點畏懼，每天生活在動盪不安之中，不知道人生有什麼快樂，對於死亡，更不覺得有什麼痛苦了。

《禮記．檀弓篇》說得好：「苛政猛於虎。」滿清帝制雖已滅亡，太平天國以來的戰亂餘波未息，在動盪不安的局勢下，人民紛紛逃命，我也參與了「逃荒佬」，跟著他們四處流浪逃亡。

十二歲出家後，每天被打被罵，可以說，那種嚴苛專制的教育不是一般人可以接受的。也因為貧窮，飽受社會人士的歧視，屈辱的眼光、傷害的語言，無日無之。見聞覺知，盡是貧窮引起的痛苦，雖是幼年，已深切體會到亂世裡實在難以生存。

一個從來沒有穿過一件新衣服的兒童，連學校都沒有看過，聽到的都是譏笑、嘲弄或謾罵；環顧四周，整個社會都沒有法制的保障。生命像蠶絲般細微脆弱，沒有作繭也會自縛，你說，哪裡還有什麼尊嚴呢？這樣不算是生於憂患嗎？只不過，對這許多加諸身心的苦難，早已習慣而不去計較它了。

及長，新四軍即與國民黨的軍隊衝突不斷，光是在我家鄉不遠處發生的「黃橋戰役」，就不知死了多少萬人。經常在家裡，只要聽到外頭「碰」的槍聲一響，就知道一條人命沒有了。雖然後來在抗日戰爭中，中華兒女獲得最後的勝利，但國共內戰又起，中國人自己人打自己人，無數家庭妻離子散，真是情何以堪。

後來我抵達台灣，又逢戒嚴，行動沒有自由，連外出都要到警察局請假；半夜三更，還經常給警察叫起來詢問。甚至不知道什麼理由，出家人也被牽連，惹來牢獄之災。

慢慢地，想要為佛教做一些弘揚佛法、淨化社會人心的工作，卻經常要跟警察捉迷藏。甚至據警備總司令部的員警告訴我，密告我的人寫來的文書不只一、兩尺高。我不知自己身犯何罪，也不曾結怨何人，這樣窮苦困頓的人生，佛教裡說「業不重，不生娑婆」，不禁慨嘆：生逢此世，真是業障深重，從而砥礪自己要在人間建設喜悅的淨土。

說起來，要感謝這許多憂患的歲月，養成我從小對生死無常無所畏懼，對生活的貧窮、對生命的磨難也沒有什麼欲望、期待。所以，我常說：苦是人生的增上緣，因為苦，成就我生存的力量，讓我在艱難中不覺得痛苦，在貧窮時不感到匱乏。

就這樣，我從台灣東北角的宜蘭來到南部高雄，在白色恐怖寸步困難的時期，終於有了機會建設寺廟，安僧弘道。哪裡知道，壽山寺才剛剛建好，附近的要塞司令部就下令要把它拆除，說我這棟五層樓的建築超高，妨礙軍事目標。

與我有關的高雄佛教堂，由於當時的社會仍處在動亂的氛圍中，信徒倒不是分南部人、北部人，而是分成台南派、高雄派、澎湖派等，互相排擠，彼此鬥爭。我那時候也很感慨說：「你們的地域觀念既然這麼重，最好把釋迦牟尼佛也請回印度去！」

及至佛光山開山，最初由於土地貧瘠、破碎，不好利用。歷經千辛萬苦，才慢慢將深溝填平，在上面興建房舍。那時候我還不懂工程，一場豪雨就引起山洪爆發，夾帶泥砂滾滾而下，把我的道路、建設毀壞了。像一座幾百坪的觀音放生池，就給大水沖倒三次；寶橋旁的一塊邊坡，眼看著就要被洪水沖走，不得已，只有發動早期跟隨我開山的徒眾們，把棉被、床單都拿來阻擋大水的沖刷。

比起人心的難測，對治大自然的破壞力還屬容易，人事才是困難。由於地方上的民眾不喜歡外省人在此建寺，相約不可以出售土地給外省和尚。加之，四、五十年前，由於佛光山位於山區，還不需要建築執照，才蓋好幾間房舍，縣政府就給我們出了另外的難題，命令我們必須購置兩部消防車、養活百位消防人員才可以建寺。當時的我，連想要買兩部摩托車都沒有辦法，還有錢財買兩部消防車嗎？還有餘力養活一百人嗎？這就是高雄縣政府最初對我建寺的指示。

好不容易，才把淨土洞窟、朝山會館建好，又有人說我匿藏長槍兩百支，其他的短槍、手榴彈、炸彈不計其數。可憐那時候的我，連兩百根棍子都買不起，哪來的兩百支長槍呢？

自古以來，一個地方的鄉鎮公所，本來都應該歡迎寺院、教堂前往建設，來協助安定社會人心；但我們在荒山建寺，好像對他們有很大的妨礙，所以竭盡心力給予阻撓。尤其，那時候我還算年輕，隨著佛光山的創建，佛化事業開展，卻引起治安單位的懷疑，一直注意我的動靜。好像我年輕的年齡就是我的罪業一樣，就是他們的敵人似的。有人說共產黨贊助我建寺，也有人說佛光山是印度祕密與我們交往的所在，甚至有人說國民黨為了利用我，出資讓我在這裡發展等等。其實，這一切子虛烏有的罪名，都是別人替我訂立的。

可憐的佛光山，光是一個寺廟登記就申請了十年，高雄縣政府遲遲不肯答應。鄉公所一次又一次行文，要我們在寺廟中心開闢一條產業道路（現在朝山會館旁的菩提路），讓給農民運輸農產品之用。奇怪的是，這是我在山區私有的土地，為什麼硬要叫我讓出來做產業道路呢？

甚至鄉民為此用鐵牛車圍山，不准我們進出。當時也有幾百名員警前來，都在那裡袖手旁觀，既不阻止鄉民鬧事，也不讓我們出入山門。不禁納悶，難道政府要讓幾百個佛光山的住眾活活餓死在山裡面嗎？

在都市裡的道場，以超高為由要你拆除；在郊區的私有土地建寺，也被團團包圍，硬是要你開路。你說，這還有公道嗎？

我一生沒有跑過政府，但我曾跑過多少次警察局；我從來沒有和民眾吵過架，但我卻數度在路邊與警察大聲理論，彷佛我也像那些流氓惡霸、黑道大哥一樣。但捫心自問，為了佛教的長存，為了眾生的慧命，我確實不能沒有這樣的道德勇氣！

想到過去三武一宗的滅佛逐僧，太平天國的排佛焚經，基督將軍馮玉祥發起的「毀佛運動」、教育人士邰爽秋提出的「廟產興學」，還有文化大革命時期見廟就燒等，可憐的佛教，為了建寺安僧、弘法度眾，就要受到如此摧殘嗎？

（著者按：星雲和尚吃得苦中苦，解嚴後變成人上人。各方政治人物朝拜佛光山和星雲法師，成為必走的旅程。星雲法師順勢在海內外擴展弘法事業，摶成一大教團。）

【七說】政黨政治

在中文詞彙中，「黨」字常見負面意涵，比如狐群狗黨、黨同伐異、朋黨為奸等等。不過西方政治學對政黨採正面評價，甚至於認定「民主政治就是政黨政治」。西方政治學定義政黨是「以執政或促進保障特定思想、政治利益為目標的團體。」定義政黨政治是「一個國家通過政黨來行使國家政權的一種形式。」（註①）這種定義與《論語》講「君子群而不黨」大異其趣。

不過，政黨好像不能純如西方政治學定義簡單看待。

孫中山當年創立「興中會」（註②），一開始就言明是拿槍的革命政黨。

中國共產黨（註③）成立的時候是文人領銜，後來變成要以槍桿子推翻國民黨政權。

興中會後來多次改名改組，一度還「容共」。到了蔣中正手上，中國國民黨和中國共產黨打起了內戰，打到民國三十九年，中國國民黨敗退台灣。儘管在台灣的中華民國早已廢止憲法上的「動員戡亂時期臨時條款」，但在中國共產黨一方，國共恩怨情仇一直沒有了斷。

在台灣的中華民國，今天已經多次政黨輪替，但中華人民共和國仍然一黨專政，而且寫入憲法，說是「民主專政」。

類似國共兩黨內戰在世界上並非絕無僅有。

西班牙在一九三六年到一九三九年打了四年慘烈的內戰。西班牙共和軍和人民陣線奮戰法蘭西斯科・佛朗哥的西班牙長槍黨。人民陣線得到蘇聯和墨西哥的援助。佛朗哥則有德國、義大利、葡萄牙支持。戰勝的佛朗哥後來獨裁統治，到一九七五年去世才終止。這場內戰，其實是第二次世界大戰的前奏。

相對於像中國共產黨這種「剛性政黨」，西方民主先進國家的政黨多為「柔性政黨」。剛性政黨的黨紀很類似黑幫的幫規，開除黨籍是家常便飯。中國國民黨和民主進步黨是「柔性政黨」嗎？只要政黨下令他們的立法委員要支持某一個政策或法案，黨員不從便罰款、停權或開除，那就不是「柔性政黨」。

更應該被批評的是，假如政黨只知競爭不知該合作的時候也要合作，那麼就不是優質政黨政治。又若各不同政黨的民代動不動就在議堂大打群架，那就更等而下之，不值得識者一笑！至於有些立委把憲法明文的「質詢」升高為「怒斥」，有些大臣把憲法明文的「答覆」修正為「對嗆」，實在難以讓人認同。

政黨的正面價值，其實就在群策群力。個人渺小，合作力量大，可是合作什麼？西方政黨大都有左派、右派之分，也就是說在政治理念上，各不同政黨有其堅定信念，並以其信念和基於信念形塑的政策爭取選民支持。

從這個角度看事情，本人要坦言，今天台灣的政黨政治令人汗顏。

我們有「政黨法」，人民有組黨自由，但組黨是天大事體，可惜這項自由權利被很多人濫用，甚至於達到兒戲的不堪境地。

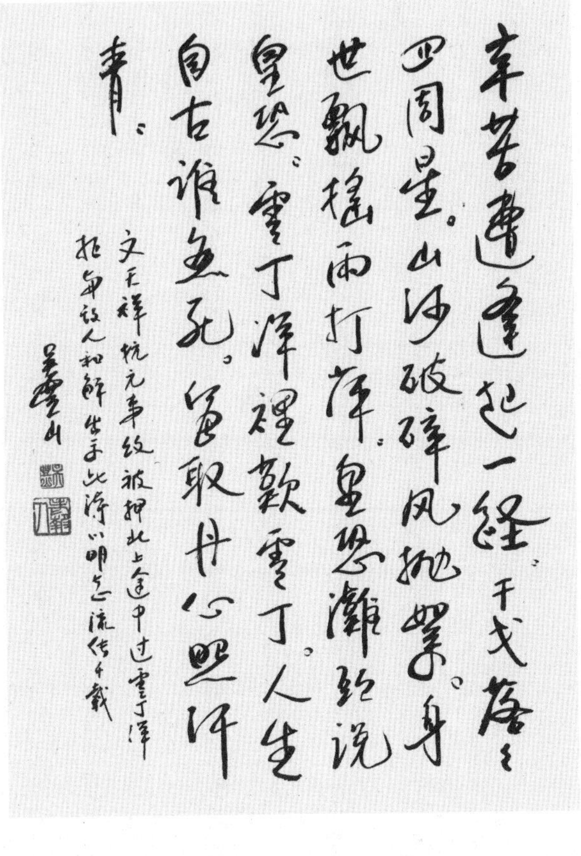

今天台灣三百多個政黨除了極少數幾個依法於每屆選舉時提出候選人外，絕大部分不理不睬「政黨法」的明文。有些政黨是為了讓自己的黑幫有一個掛在門口以掩人耳目的招牌而設立。更多政黨的組成是三兩位刁民搞笑，所以什麼讓人笑掉大牙的政黨都有。本人不厭其煩，抄列現有政黨清冊於後。（註④）

刑法一百條修廢後，言論自由百分百，這個自由顯然已被濫用，所以三百多個政黨有的連黨名都令人莫名其妙，主管機關內政部照樣「核備」無誤。（註⑤）

看台灣政黨實況，古代對政黨的不良評價，其實不是沒有道理。

淺見以為：台灣既然要走民主政治這條路，那麼內政部對政黨的管理，要真正依法負起責任。同時智識界對政黨亂象不可噤聲。如果希望台灣的政黨政治逐步向上提升，大家都要再加好幾把勁。

【附註】

註①：據維基百科記述，西方政治學定義的現代政黨最初誕生於英國。一六四〇年英國議會因實行君主制或共和國的爭論而形成宮廷黨和民權黨。

美國的政黨始於一七八七年圍繞制憲而出現。主張建立及加強聯邦政府權力的人形成聯邦黨，主張應該注重保障人民權利及州權的人形成民主共和黨。今天的民主黨和共和黨是逐步演變而成的。

註②：一八九四年，二十九歲的青年醫生孫文在檀香山創立「興中會」，但孫文後來說，他其實早於一八九二年在澳門成立「少年中國黨」。不管如何，「興中會」後來逐步演化為「中國國民黨」，孫中山在廣州任大總統時一度容共。蔣中正於民國十五年清共。

註③：「中國共產黨」係北京大學教授陳獨秀和李大釗於一九二〇年草創，自稱「社會黨」。一九二一年才正式成立共產黨。一九三〇年代起毛澤東逐步爭得黨權，開始武裝革命。一九三一年尚在造反時期即在佔領區成立「中華蘇維埃共和國」，一九四九年成立「中華人民共和國」。二〇二一年底，這個黨號稱有九千六百多萬名黨員。

註④：內政部官網二〇二三年二月二十一日依創立日期排序的政黨一共三七九個，其黨名如下：

中國國民黨、中國青年黨、中國民主社會黨、工黨、中國民主黨、中國民主正義黨、中華共和黨、中國聯合黨、中國新社會黨、中國民眾黨、中國中和黨、中國統一黨、統一民主黨、中國忠義黨、勞動黨、民主進步黨、中華青少黨、中國老兵統一黨、青年中國黨、忠義致公黨、中國民主青年黨、中國鐵衛黨、中國團結黨、中國自由民主黨、中國復興黨、大同黨、中國國安黨、中國和平黨、中國民主革新黨、民主自由黨、民主行動黨、中國民主憲政黨、中國大同民主黨、中國洪英愛國黨、大公黨、中國自強黨、中國中青黨、中華正統黨、中國民主統一黨、中國全民黨、中國保民黨、農民黨、中國崇尚正義黨、中國民治黨、中國人權促進黨、中國民政黨、台灣原住民黨、中興黨、中國民富黨、民主共和黨、自主民行黨、中華全民均富黨、中國大同社會黨、天下為公黨、中國青年民主黨、真理黨、中國大同統一黨、中國檳英富國黨、中華社會民主黨、新中國民主建設黨、中國自由社會黨、中國自立黨、中國全民福利黨、中國婦女黨、中國婦女民主黨、全國民主非政黨聯盟、中國人民行動黨、中華勞工黨、全國勞工黨、中華少數民族正義黨、中華民族共和黨、中華安青黨、公民黨、新黨、青年協和進步黨、中國國家黨、人民團結黨、先進黨、綠黨、家庭基本收入、自然律黨、建國黨、中華新民黨、社會改革黨、民主聯盟、新國家連線、台灣民主黨、中國天同黨、中山黨、親民黨、中國共和民主黨、大中華統一陣線、新中國統一促進黨、臺灣慧行志工黨、台灣團結聯盟、台灣族群統一聯盟、台灣吾黨、中華民族致公黨、富民黨、中國喚民黨、台灣工黨、全民忠義黨、世界和平黨、工教聯盟、民生權利進步黨、無黨團結聯盟、尊嚴黨、中華民國自由自在黨、保衛中華大同盟、保護台灣大聯盟、台灣人民行動黨、中華博愛致公黨、中華統一促進黨、中國民主進步黨、新台灣黨、台灣建國聯盟、台灣黨、濟弱扶傾聯盟、台灣生活黨、黨外團結聯盟、客家黨、全民廉政無黨聯盟、台灣新客家黨、台灣平民共和黨、全民健康聯盟、自由工黨、台灣國民黨、台灣農民黨、台灣平民民主黨、第三社會黨、中華革興黨、大道慈悲濟世黨、台灣人權聯盟、大愛憲改、民主和平黨、台灣民主共和黨、世界和平中立黨、台灣國家黨、本土公民黨、中華民生黨、台灣共產黨、世界勞工黨、中華民族黨、廣播電訊聯盟黨、惠民黨、海峽兩岸和平大聯盟黨、中華民國共產黨、禮憲黨、台灣民生黨、孝道黨、中華婦女黨、中國共產聯盟、人民最大黨、東方紅黨、福爾摩沙法理建國黨、人民黨、臺灣民主共產黨、白黨、鳳凰黨、台灣福利黨、中華天同黨、中華客家黨、大中華梅花黨、中華生產黨、百黨聯盟、全民生活政策黨、中國洪門致公黨、台灣我們的黨、大道人民黨、台灣民意黨、台灣民主運動黨、善惡黨、中華家國黨、中國社會黨、中華建設黨、圓黨、中華維新黨、第三勢力聯盟、中華照生黨、聖域真明黨、政治議題聯盟、中華文化黨、世界客屬黨、中國青蓮黨、台灣成功黨、中華青年聯合黨、中華台商愛國黨、正黨、健保免費、台灣民族黨、中華聯合黨、市地公有連線、大道執行聯盟、教育免費連線、台灣基本法連線、教科文預算保障e聯盟、臺灣社會民主黨、新華勞動黨、人民民主黨、中國新洪門黨、正義聯盟、臺灣建國黨、共和黨、全民無黨聯盟、司法改革連線、言論自由聯盟、中華赤色聯盟、中華蓬萊兩岸合一大同盟、聯合黨、三等國民公義人權自救黨、台灣革命黨、民主社會福利建國黨、中山梅花黨、台灣新住民福利黨、文化地球黨、人民正義黨、明月聯盟、和平建國黨、台灣進步黨、中華民國國民生活改善聯盟、道共民主黨、中華健康黨、富強革命黨、台灣整復師聯盟工黨、中華健康聯盟、三新梅花黨、全民的黨、中華民族信心黨、全民行動黨、中華新住民黨、台灣番薯黨、大道昊天聯盟、中華同興黨、台灣第一民族黨、中華兩岸文化經濟黨、新生黨、中道盛國、中華民國臺灣三〇〇年憲政革命行動黨、社會改造黨、司法正義黨、台灣全民黨、公平正義黨、中華團結聯盟、中華和平黨、豪黨、新住民共和黨、台灣人民黨、平和黨、中華文化民主黨、中國國家社會主義勞工黨、中國生產黨、移民聯盟黨、大中華生產黨、中華民國國政監督聯盟、勞工黨、中華民國機車黨、天宙和平統一家庭黨、軍公教聯盟黨、樹黨、台灣農漁業聯盟、大道聯合黨、台灣洪門共濟黨、幸福勞工黨、經濟黨、中華道政國安黨、和平鴿聯盟黨、時代力量、民國黨、社會民主黨、全國幸福勞工黨、中華民族和合黨、自由台灣黨、台灣獨立黨、陽光大聯盟、新政世紀黨、中國為公黨、社會福利黨、臺灣前進黨、台灣未來黨、中華青年同盟會、綠黨社會民主黨聯盟、我們自己的黨、信心希望聯盟、全民參政大聯盟、福爾摩沙自立黨、虎黨、世界孫中山梅花聯盟、全民幸福政黨大聯盟、新台灣國民黨聯盟、台灣君民黨、中華復興黨、龔國黨、興中同盟會、金門黨、全國人民黨、自民黨、本土建國聯盟、臺灣民主自治同盟、勞動者民主連線、中華青年民族黨、台灣股票黨、金門高粱黨、台灣基進、中華公民同盟黨、台灣新民黨、台灣動物保護黨、中華文化復興在理黨、中華道統聯盟、華裔和合黨、青年陽光黨、仁愛和平黨、民生公益、公民反媒體壟斷聯盟、搶救台灣希望聯盟黨、臺灣人民共產黨、中國和平統一黨中國世界華人統一促進黨、富裕民生黨、宗教聯盟、龍黨、台灣學習黨、中華台灣原住民團結黨、中華民族統一黨、世界大同黨、中國台灣紅黨、中國愛國黨、全民執政黨、中華民生經濟改革促進黨、中華民國93憓潮黨、國泰民安黨、愛心黨、愛國黨、舊臺灣、台灣全民和平黨、孫文主義力行黨、大中華共和黨、中華全球客家黨、左翼聯盟、中華愛國同心黨、台灣經濟發展黨、國會政黨聯盟、合一行動聯盟、天一黨、中華人民團結同心黨、和合文化黨、安定力量、中國紅色統一黨、喜樂島聯盟、白色聯盟、台灣民眾黨、嘉福公德聯盟黨、一邊一國行動黨、統一聯盟黨、基層聯盟、台澎黨、台灣維新、小民參政歐巴桑聯盟、儲存真實·因為愛、全民稅務服務黨、國家公義運動黨、創新民主黨、中華中正黨、道政聯盟、商工統一促進會、歡樂無法黨、臺灣雙語無法黨、夏潮聯合會、金色力量黨、中國庶民黨、台灣新住民黨、前進黨、台灣澎友黨、台灣人民進步黨、中華文化共和黨、正神名黨、更生黨、中正黨、軒轅黨、台灣麻將最大黨。

註⑤：目前台灣有不少政黨的黨名中有「共產黨」或「共產主義」字眼。

這是因為憲法釋字第六四四號認定主張共產主義乃我國憲法保障的言論自由。

由賴英照、謝在全、徐璧湖、彭鳳至、林子儀、許宗力、許玉秀、林錫堯、池啟明、李震山、蔡清遊等大法官於民國九十七年簽認的這份解釋文，其要點如下：

言論自由有實現自我、溝通意見、追求真理、滿足人民知的權利、形成公意、促進各種合理的政治及社會活動之功能，乃維持民主多元社會正常發展不可或缺之機制，其以法律加以限制者，自應符合比例原則之要求。所謂「主張共產主義，或主張分裂國土」原係政治主張之一種，以之為不許可設立人民團體之要件，即係賦予主管機關審查言論本身之職權，直接限制人民言論自由之基本權利。雖然「憲法增修條文」第五條第五項規定：「政黨之目的或其行為，危害中華民國之存在或自由民主之憲政秩序者為違憲。」惟組織政黨既無須事前許可，須俟政黨成立後發生其目的或行為危害中華民國之存在或自由民主之憲政秩序者，經憲法法庭作成解散之判決後，始得禁止，而以違反「人民團體法」第二條規定為不許可設立人民團體之要件，係授權主管機關於許可設立人民團體以前，先就言論之內容為實質之審查。關此，若人民團體經許可設立後發見其有此主張，依當時之事實狀態，足以認定其目的或行為危害中華民國之存在或自由民主之憲政秩序者，主管機關自得依中華民國七十八年一月二十七日修正公布之同法第五十三條後段規定，撤銷（九十一年十二月十一日已修正為「廢止」）其許可，而達禁止之目的；倘於申請設立人民團體之始，僅有此主張即不予許可，則無異僅因主張共產主義或分裂國土，即禁止設立人民團體，顯然逾越憲法第二十三條所定之必要範圍，與憲法保障人民結社自由與言論自由之意旨不符。

筆者另按：我國於民國一〇六年制定「政黨法」取代原來「人民團體組織法」對政治團體的規範。

由於民國九十七年的憲法第六四四解釋，「政黨法」對組黨自由充分尊重，除了不可與既有政黨名稱相同外，只要申請人不曾犯罪判刑，只要備妥相關書類，主管機關便就准予備查。

「政黨法」第二十七條明文在三種情況下「廢止」其備案：一是連四年無召開黨員代表大會；二是連四年未推薦公職選舉候選人；三是備案後一年仍未完成法人登記。

可是我看三七九個政黨名冊，有一大部分政黨原負責人死亡了也未補登記新負責人，絕大部分連續好幾個四年未推薦公職選舉候選人，但主管機關並未處理。

二〇二三年八月九日，內政部公告廢止三十二個政黨的登記。此事可堪肯定。

【八說】地方自治

現行中華民國憲法於民國三十六年開始實施，那時候中華民國統治中國大陸，國土面積廣達一千一百多萬平方公里，而且交通不發達，制憲諸公因此在憲法中明文地方自治。（註①）

民國三十九年國民政府敗退台灣，帶來了這部憲法，後來雖然多次修憲，但地方自治的條文未變，於是乎台灣的省和縣市也就依憲自治。

台灣面積三萬六千平方公里，只設台灣一省。省下劃分成二十幾個縣市，平均每一個縣市的面積一千多平方公里，有些縣市車行二十分鐘就穿過。幾乎所有縣市的財政都入不敷出，中央政府補助成為必要。

民國八十五年，台灣開始直選總統，縣市首長成為大樁腳，地位驟升，媒體現在常以「諸侯」稱呼。廢省（註②）之後，當過縣市長的人物之中，有一些人便就劍指總統大位。

容我說句最坦白的話，小小一個縣市長，從來也沒摸過國防、外交、兩岸以及經貿發展政務，怎麼會有能耐擔綱總統大位？可是現在的情況就是這般味道。我相信很多同胞都已看到，有的市長平日衣衫不整、胡說八道、朝三暮四，有的市長不學無術、目光如豆、言不及義，現在竟都變成可能的總統候選人，令人不禁憂心忡忡！

同樣糟糕的是，縣市財政困窘，但縣市長為討好群眾，或表現政績，便就以舉債發放津貼、推動建設為要領。縣市長一任四年，最多連任一次總共八年；八年一晃而過，於是形成縣市長借債有權、還債無責的境況。現在地方政府負債加總起來已是天文數字，很多財稅專家為此憂心忡忡，但現在根本看不出我們中央和地方偉大的政治家們，有誰想去改變這種可怕的現象？

更糟糕的是，當中央政府和地方政府分屬不同政黨當家的時候，地方杯葛中央決策的情形已屢見不鮮。比如中央政府決定要把電廠建在某縣的時候，不同政黨執政的縣市長公開聲言不發建築執照。比如說中央政府決定依照「警政一條鞭」的既定政策指派某人擔任某縣市警察首長的時候，不同政黨執政的縣市長悍然拒絕。

更更糟糕的是，甲黨在中央執政的時候差別待遇乙黨執政的縣市。甚至於在縣市長改選時，中央政府首長下鄉助選，公然批評不同政黨的現任者有多麼差勁。凡此種種搞得社會分裂，大家怒目相視。

淺見以為：台灣幅員不大，但善治不可輕忽，縣市自治這件事應該如何妥善調整，大家允宜嚴肅面對。

本人盱衡全局，認為也許我們可以考慮：

——廢除鄉鎮自治，改為地區行政派出所。

——將六都回歸原來市縣地位。二十二個縣市以凡百庶政之執行和監管為主責。縣市議會員額減半。

——在中央政府與縣市政府之間，設北台州、中台州、南台州、東台州（馬祖及釣魚台併北台州，金門併中台州，澎湖及東沙、南沙併南台州，綠島及蘭嶼併東台州）。州政府以區域規劃整合及監管市縣業務執行績效為主責。

——原六都回歸原市縣編制後，其多出的人員轉往四州政府。

——四州長必須出席行政院會，參贊中樞，以累積經建、外交、國防、兩岸政務經驗。

以上變革以修訂「憲法增修條文」為落實要領。

【附註】

註①：現行憲法本文第十章規範中央與地方之權限，明定省縣自治。第十一章為地方制度，明定省縣自治要領。

註②：民國八十五年，擔任台灣省長的宋楚瑜多次砲打中央，當任總統李登輝甚為懊惱。同一時間，已形成一股政治勢力的民進黨很不喜歡台灣稱省，於是國民兩黨聯手制定了精省條例。原省府各廳處業務改由中央相關部會設立中部辦公室承接，原民選省議會改為官派省諮議會。至此，名為精省，實已廢省。

至於名義上統轄馬祖和金門的福建省政府，向來虛設。

【九說】公權力

公權力是政治的首要內涵。

公權力指政府擁有片面決定改變相對機關或相對個人權利義務的力量。

相對於公權力一詞是公權利，指被統治者在承受公權力之時，得為自己主張一定利益之法律上權利。

舉一個淺顯的例子：警察在您家門口發現一堆亂倒的垃圾，開了一張紅單說要罰您兩千塊錢，這叫公權力。您抗辯說，垃圾不是我倒的，請警察先生調出路邊監視器，便知道被罰的人不該是我，這叫做公權利。

再舉一個例子：刑警辦案，說經過調查，您在某月某日殺死了張三，檢方以殺人罪嫌起訴您，這叫做公權力。您到法庭拿出某月某日人在國外的有力證明洗刷了罪嫌，這叫做公權利。

公權力是有效治理之必要，假如不是公權力，恐怕沒有幾個人情願繳稅；假如不是公權力，十字路口一定人車亂成一團；假如不是公權力，貪官污吏不必入獄。

本書第一節，記述：政治是人類生存發展過程中逐步形成的一套機制，其中包括管理、監督、控制、懲罰、徵收、徵召、服務、分配、調節、補償、獎勵……這一整套機制的有效執行全賴公權力。政治學家馬克思．韋伯就說：「國家擁有合法使用暴力的壟斷權。」這也就是說，因為掌握公權力，政府和公務人員就掌握了權威，並且經由善用權威，使國家大治。

於是問題就產生了：掌握公權力的人善用公權力或惡用公權力？

蓋瑞．豪根（Gary A. Haugen）與維克多．布特羅斯（Victor Boutros）二人著有《蝗蟲效應》一書。蓋瑞是「國際正義使命團」的創辦人。一九九七年成立的這個團體以致力國際人權提升為宗旨。維克多是美國聯邦檢察官，代表美國司法部參與涉及警察不當行為、仇恨罪行、人口販賣等重大案件的調查和審判。

蓋瑞於一九九四年擔任聯合國盧安達大屠殺特別調查團指揮官。盧安達的種族大屠殺使超過百萬人慘死，隨處可見亂葬崗，慘狀怵目驚心。

兩位作者從盧安達悲劇開始落筆，歷述在不同國家看到的一大堆悲劇案例，詳細記述窮人被公權力脅迫為奴、監禁、刑求、強暴、搶劫的悲慘境遇。

他們指出世界上「極為貧窮」的人口高達二十五億，貧窮人等的人生形同奴隸，弱肉強食是普遍現象，國家體質幾無公義可言。在巴西、孟加拉、奈及利亞甚至於阿根廷，人民怕警察多過怕歹徒。很多警察以他們擁有的公權力欺壓善良，為非作歹，而且總能得逞。至於檢察官和法院常常「有錢判生、無錢判死」。

書名為什麼叫《蝗蟲效應》？那是因為作者堅信：要讓窮人翻身，最根本的工作就是建立公正的司法制度，否則人群中的強者仍將像蝗蟲一般，隨時掩至，蠶食弱者。

換句話說，如果不能讓檢警調手上的公權力用於正軌，公權力反而會變成荼毒眾生的工具。

中南半島有兩三個國家的歹徒已經好幾年把販賣人口當做營利事業，像豬仔一般的不幸男女被生吞活剝身上的器官，然後像死豬死狗一樣的被丟入河川。敢問：這些下三濫國家如果沒有貪官狼狽為奸，歹徒怎能暢行無阻？

二〇二三年四月初，台灣西海岸漂來二十幾具浮屍，後來查出是人蛇集團把偷渡客丟包大海。敢問：偷渡客冒險出海的地方如果沒有貪官閉眼，這些慘絕人寰的悲劇怎會發生？

在公權力這個課題上，警察或檢察官其實只是小咖，如果公權力在惡質大咖手上呢？

野史上有這麼一則故事：

范蠡娶了西施之後便棄政從商，由於商術高超，很快就變成大富翁。

西施幫范蠡生了兩個兒子，小兒子到京城遊玩不慎殺死了皇太子，被押入牢房。范蠡知道朝政敗壞，便令西施生的第一個兒子攜黃金千兩去賄賂宰相。當此之時，西施大概是賢慧吧，要求丈夫改派大老婆的兒子前去，以得救弟之功，好讓同父異母兄弟和睦。

其實，范蠡派西施生的大兒子前去救弟，頗用腦筋。他深知在與大老婆生活的日子，家無餘糧，所以大老婆的兒子會不捨黃金千兩。但拗不過西施，只好交代大老婆生的兒子：「送了黃金之後，立刻脫離京城，片刻不可逗留。」

收了黃金的宰相，隔天上朝，啟奏皇上：「自皇上登基以來，風調雨順，國泰民安，全民稱慶；只可惜監獄人滿，如能大赦，必然薄海騰歡，功德無量。」

皇帝龍顏大悅，就發出大赦令，西施的小兒子也就因此出獄了。

去救弟弟的小伙子眼看京華燈紅酒綠，便忘了父親的訓示，樂得多盤桓兩天。此時心想，是皇上大赦，豈算宰相之功？前去向宰相索討黃金的時候，宰相二話不說，要他自己到後廂把黃金拿回去。

隔天宰相上朝，啟奏皇上：「大赦之令，京華歌舞昇平，高呼皇上萬歲，但臣罪該萬死，竟忘了殺死皇太子者不在此限。」

皇帝頻頻說對對！一剎那功夫，宰相派手下快馬加鞭，把殺死皇太子的犯人押回牢房，千兩黃金當然運回宰相府。

（筆者按：《陶朱公商經》對此事的記述，與本人說詞稍有不同，但大抵無差。）

習近平打貪，打出了不少大貪官，骯髒錢動輒數百億人民幣。那些大貪官一定比范蠡碰上的宰相更高竿。

我有一個忘年之交，三十年前回他浙江祖鄉建設毛紡廠，省政府給他免除十七％營業稅的大特惠。豈知等工廠要開工了，省政府竟來人說：搞錯了！法令規定如無毛紡廠於先，才可減免特惠，現在發現早已有人設廠，所以特惠只好取消。

經營工廠，加減十七％是大數目，沒有這十七％的減免，收支結構大變。此時假如送錢，省方很簡單的就可以「建廠前已允給予特惠者不在此限」。

這就叫惡用公權力以飽私囊。

「藉勢藉端」是政治用語，也是司法用語。

我有一位初中同學A君，三十幾年前跑去福建開設了一家小成衣廠。二十幾年前某日，A君忽然回台北找我，向我訴說他的遭遇，說如果有一天他死了，希望至少有一人知道他是怎麼死的。

A君說，過去幾個月官方一直找他，說你當年來設廠，沒有路我們幫你開路，沒有電我們幫你拉電，今天你賺錢了，希望你自動回饋。

A君說，每有需索，他都照給，但需索無度。追討開路、拉電的回饋之外，接著用水，用水之外還要需索出國旅費……。現在他不知道這種需索何時終止；如不能終止，他只有自殺一途。

這個同學後來再無聯絡，我也沒有他的電話，所以迄今不知道他下場如何？

貪污無國界，差別只是大貪或小貪而已！

我年輕時期，聽說小學教員調動要送錢，城市警察要調到較繁華街區也要送錢。我大學畢業開始工作時月薪一千元，我的胞兄經營建築事業，他笑我讀大學有什麼用？胞兄告訴我，每一次他的建案做出一個新樓層就必須報請市府小吏來檢查鋼筋，檢查的人根本懶得走上棚架，拿了「公定陋規」二千元，就簽字走人。你讀大學一個月賺一千元，傻蛋一個！

清朝末年的文人李寶嘉著《官場現形記》，把清末貪官污吏的嘴臉寫得醜態畢露。官方曾給官位攏絡，李某不從，後來官方說他散布謠言，下令通緝。當時李某被認為風骨嶙峋，可惜四十幾歲就一命嗚呼了。

相對於李寶嘉嘻笑怒罵，有人提供救治藥方。比如清朝汪龍莊著作《佐治藥言》、《學治臆說》，可是不知有多少為官的人看了之後引以為戒。

在結束本節記述的時候，我必須嚴正指出：公權力只有與公義連結，才能確保它的價值。對黑社會有所瞭解的人都知道，黑社會也有一套嚴厲的內部管控規則，但在法律上叫私設刑堂；黑社會也必擁有一堆槍械，但在法律上違反槍砲彈藥管制條例，會被殺頭。所以有人戲稱政府是合法的黑社會，羅馬哲學家奧古斯丁說得比較周延：「一個國家若沒有倫理公義，就是一個巨大的黑幫。」

淺見以為：公權力是必要之惡。就政治談政治，要使公權力走在正軌上，只有兩個辦法：一個是加強公務人員品格教育，一個是讓惡用公權力的人必然付出承受不起的代價。

【十說】公權力與尸位素餐

前節談論了公權力之善用與惡用。

其實公權力的最大價值在於賦予有前瞻力的政府運用公權力對國家的長治久安預為綢繆。

有一句大家耳熟能詳的話：「今天不做，明天會後悔。」

一個國家的客觀處境必然不斷變遷，執掌國家公權力的領導階層如果不能看清客觀處境的變化趨勢，便算不夠格；如果看清了卻不能提出應對方略便算失職；如果只有方略卻不能劍及履及的有效執行，那就是尸位素餐了。

舉個例子：大台北的人口在民國六、七十年代快速膨脹，原有的大眾交通設施開始出現不能有效輸送市民的窘境，中央政府看出了有效改善的必要，於是擬定了捷運系統方案，並於民國七十九年啟動建設計劃，過了足足十二年，台北捷運才做出初期網絡，有效緩解了大眾交通。到今天，大台北捷運系統工程還繼續擴充之中。

一項重大工程動輒耗時十年二十年，假如當年執掌公權力的人，看不出未來需求，或者雖然看出了但只紙上談兵，今天大台北的大眾運輸狀況必定令人不敢想像。

政治沒有一勞永逸這回事，舊的處境每一天都會面對新挑戰。

比如說，今天台灣的出生率排名世界尾端。一個國家的人口成長大幅減緩，加上人口老化，有朝一日就必然「生不如死」。從二〇二二年開始，台灣人口的增加已少於人口死亡。也就是說如何解決人口結構變化對生產力、消費力、國防力的必然衝擊，並有效做好老人照護施政，變成一大國政課題。（註①）

我國政府執掌公權力的高層一直到最近幾年才看出這個問題，看出這個問題之後，擬定對應方略又拖了一段時間，現在執行的方略也只看到一丁點成效。用最嚴格的標準加以檢驗，在這個大課題上，執掌公權力的人，其前瞻力和執行力都不及格。

再說一事。

台灣各大城市的高樓，屋齡已超過五十年的佔很大比率。五十年前台灣經濟尚未發達，當時建築的高樓並無足夠防震結構。

近幾年來屢有建築專家提出警告：位於地震帶的台灣，如果不幸碰上七級以上大地震，這些老樓勢必十樓九倒。

那麼唯一對策應該是公權力從速辦理強制都市更新；公權力如果在這個課題上尸位素餐，有朝一日蒼天不仁，大家要哭天搶地已來不及了。

此外，本人還有一個很不同的見解。

掌握公權力的人，假如不用心去瞭解各先進國家的治國要領，以致於使我國諸多建設落個小鼻子小眼睛的譏評，也算尸位素餐。

且拿世界各先進國家經營公共電視的重大差異來做例子：

公共電視是善用電視科技以整合國民意志、推動國家建設的最有效工具。但要讓公共電視達成這個目的，給予多少經費是成敗的關鍵。

在英國，政府立法把政府每年收取的電視執照費全部交給公共電視ＢＢＣ，每年金額多達兩千億新台幣。日本政府立法特許其公共電視ＮＨＫ向每一家戶收取收視費，每年金額也多達兩千億新台幣。

與英國與日本的國家規模相比，台灣確實小很多，但台灣再小也不至於一年只給九億經費。南韓比台灣大不到哪裡去，南韓公共電視一年經費也有三百億新台幣。好消息是政府對此問題已有警覺，所以已修法取消了政府捐助上限，壞消息是對增加多少經費仍然聽不到大氣的言語。

本人認為在立法行政兩部門的當權人士，假如不知道他山之石，自甘目光如豆，硬就是「既要馬兒好，又要馬兒不吃草」，那也是另一種樣態的尸位素餐。

淺見以為：以結果論，我國政府的治理高層假如尸位素餐，台灣不可能有今天的建設成就。可是，歷來掌權者並非隨時緊繃神經，以致於今後台灣還有重重考驗。

放眼全球，少數國家長保榮景，大多數國家得過且過，關鍵就在於執掌公權力的政府高層有多少前瞻力、決斷力、執行力。

【附註】

註①：據內政部二〇二三年發表的統計，前一年在嘉義縣、南投縣、雲林縣和台北市，老年人口比例都已超過二十％，其他縣市也接近二十％邊緣。另據統計，全國新生人口十三萬多人，首次低於死亡人口。

另據推估，到了二〇三〇年台灣就會變成「超高齡」社會。

人口問題是國安問題，如果未能有效對應，國家前景堪虞。

#【十一說】利益分配

在諸多公權力當中，本人認為做好國民的利益分配是第一要務。政府掌握了制定政策和法律的公權力，也掌握了確保政策和法律有效執行的公權力，如果做不好國民利益分配，那便是過無可諉的失職。

人的才智不同、際遇不同，努力程度也不同，因此齊頭式的平等違反人道；但同樣生而為人，假使在生存條件上有人富可敵國高高在上笑傲江湖，有人三餐不濟低低在下苟延殘喘，這就違反天道。

本人不仇富，非但不仇富，長年來我還多次白紙黑字公開表白，認為那些流淚流汗辛苦打拚摶成大富的國民，在貢獻稅收、裨益就業之餘，即使鐘鳴鼎食、穿金戴銀也是情理之所必然。

可是政府的功能在於以公義使邦國高舉。富人致富有一大部分因素是託國家社會進步之福，那麼透過公權力的作為，把富人的一大部分利得分配到其他國民身上，也是情理之所必然。

本節文字，勢必冗長；因為必須透過對資本主義、共產主義、社會主義的瞭解，才能周延地談論生產以及生產之後的利益分配。

所謂「民以食為天」，這句話放諸四海而皆準。本人認為這句話有兩個意涵：第一意涵是生而為人，不吃飯就不能存活；第二意涵是任何統治者都必須以餵飽子民為職責。

由於「民以食為天」，所以自有人類就有生產與分配這回事；但如何生產、如何分配與活存的地域條件以及流行思維息息相關。

資本主義以私人擁有產權、自由市場、追求最大利潤為第一要旨。

資本主義的英文 capitalism，其中 capitalis 源自於對動物的買賣及佔有，意思是幾頭牛的「頭」，擁有越多「頭」的人越富有。到了十二、三世紀，「資本」一詞開始被用來形容資金、貨物庫存、貨幣數量或者貨幣帶來的利潤。

第一個使用 capitalism 一詞的是英國小說家威廉・梅克匹斯・薩克雷，他以此表示大量資本的所有權。第一個使用這個字眼來形容生產制度的是德國經濟學家維納・宋巴特，他在一九〇二年發表《猶太人與現代資本主義》一書。隔二年他的好友馬克思・韋伯發表《新教倫理與資本主義精神》一書，再度使用資本主義這個名詞。

資本主義既然強調私有資本，勞動力便就可以透過薪酬雇傭買賣，勞動者只獲得薪酬，資本所得歸投資的企業家所有，公權力必須以法規或政策來確立和保護私有財產。

在資本主義經濟裡，私人企業的發達成為必然；透過大規模生產、大規模消費來追求最大利潤成為運作鐵則。法人如公司或信託成為工商業經營的組織型態，股票買賣也順勢產生，股東只需擔負有限責任，利己行為比利他行為或關注公共私益更有效率。獲得諾貝爾獎的經濟學家米爾頓・傅利曼更直言「公司沒有所謂的社會責任，唯一的責任就是替股東增加利潤。」

在資本主義體制下，政府會保障私人財產不受侵犯，不能干預個人選擇什麼工作，工資由供需情況決定。

一九三〇年發生經濟大恐慌後，多國政府對資本主義經濟曾出現短期干預，但隨著經濟逐步全球化，跨國公司出現，又隨著運輸與通信技術的創新，使得很多開發中國家迅速邁入新興工業國家行列，資本主義經濟擴及大半個世界。

資本主義經濟當然不是萬靈丹，無節制的資本主義經濟帶來了工業污染，摧毀了傳統生活型態，製造了下層階級，同時常常為了爭奪資源和市場而引發戰爭。最被批評的是利益分配，也就是利潤在勞資之間分配不公。

人世間「物極必反」，共產主義應該就是資本主義衍生弊端之後的反彈。

共產主義的英語 Communism 是一種共享經濟結合集體主義的政治思想，主張消滅生產資料私有制，進而建立一種各盡所能、各取所需的生產資料公有制，並以階級鬥爭建立無產階級社會。

按照馬克思主義理論——歷史唯物主義，資本主義必為共產主義取代。

一九一七年蘇俄爆發十月革命，列寧領導下的布爾什維克武裝政變，建立了世界上第一個共產主義國家。一九二二年還進而糾合烏克蘭、白俄羅斯、高加索，共同組成蘇維埃社會主義聯邦共和國（亦即蘇聯），其後逐步向全球擴張。

在中國大地上造國民黨的反的毛澤東，便是在蘇聯支持下運營中國共產黨，並且在一九四九年建立了採行共產主義的中華人民共和國。

中共建政初期，毛澤東基於共產主義思想大搞三反五反、人民公社、土法煉鋼、大躍進，搞得民不聊生，甚至餓死了幾千萬人。直到鄧小平（註①）接掌政權，實施改革開放，把資本主義部分思維融入共產主義，形成「有中國特色的社會主義」，中國經濟才起死回生，又積三十餘年奮鬥才造成後來的榮景。

現在中共、北韓、寮國、古巴、越南還在憲法裡頭保存共產主義，但純共產主義已經從地表上消失。

不知道各位讀友注意到沒有？本節論述在提及共產主義時常與社會主義重疊。

社會主義英語 socialism 基本上是一種政治、社會、經濟綜合哲學。

社會主義最鮮明的主張就是生產資料應由社會掌控，而不是政府或私人。

社會主義認為資本主義讓資本家不勞而獲地積累大量不義財富，以致於擴大了貧富差距，製造了社會罪惡。

有歷史學者指出，十九世紀下半葉，德國鐵血宰相俾斯麥便是採行社會主義治國。也有歷史學者指出，二戰前希特勒的「民族社會主義德國勞工黨」採行社會主義，但希特勒後來堅持民族優秀主義，並以戰爭為手段爭取生存空間，企圖建立世界霸權，卻與社會主義風馬牛不相干。

本人注意到孫文在推銷他的民生主義時，曾說民生主義就是社會主義。民生主義主張漲價歸公，主張節制私人資本、發達國家資本，確與社會主義若合符節。

在扼要記述各種不同政治經濟主義之後，本人要指出：現在地表上已經沒有什麼單一主義主控任何國家的政治經濟。

美國被認為是資本主義國家的典型，但源自社會主義的社會福利政策如今佔美國聯邦政府施政的很大部分。

中華人民共和國現行憲法仍明載中共信仰共產主義，但假如不是鄧小平採納資本主義元素進行改革開放，恐怕中共早已枯死。

台灣現行憲法第一條載明「中華民國基於三民主義，為民有、民治、民享之民主共和國」，我們現在諸多財團富可敵國，敢問，我們什麼時候節制過私人資本？

回到利益分配。

利益分配是經濟術語，也是政治術語。意指合作生產各方從合作形成的總收入或總利潤中分得各自應得的份額。

這個問題不能依靠「各憑良心」來解決。如果要有效維護社會和諧，必須依賴公權力發揮強制功能，比如稅制。

根據各項統計數字，當今人類整體的利益分配嚴重失衡，財富掌握在極少數富豪、財團手中，絕大多數男女只分配到不成比例的利益。（註②）

台灣的情況好不到哪裡去，行政院主計處公布的「二〇二二年全國工業及服務業薪資調查」，全體受雇員工經常性薪資平均四萬四千四百十七元，但扣除物價上漲的因素後，連兩年經常性薪資開倒車，且為十年來最大減幅。

其實不必看數目字，只看社會現象也可知過半矣！試問：以台灣經貿發展成就，今天怎麼會青年人不敢結婚、不敢生育？怎麼會不吃不喝幾十年也買不起一個蝸居？

談利益分配，本人有無比的感慨。

一九七一年本人環球旅行路過義大利龐貝廢墟。這個二千年前被火山爆發淹沒的城市，兩百多年前被挖掘出來。現在旅客可以在昔日富商豪宅的室內牆壁上看到當年富豪窮奢極侈的頹廢生活壁畫殘跡。可是二千年後的今天，本人竟然在菲律賓首府馬尼拉的市區看到一大群底層市民居住在污水灘上的破敗木屋，衣衫襤褸，蓬頭垢面，面有飢色。

可是，馬尼拉的這些底層男女，還不是最悲慘景況。國際公益機構發表的數目字，現在全球每一年餓死的人還多達八百萬。

您說利益分配這個問題是不是人類的一大課題？

都說人類是萬物之靈，本人不解幾千年來何以仍然富者自富、窮者自窮至這般地步。

其實早在一九七〇年，美國學人泰德·羅伯特·格爾（Ted Robert Gurr）就已發表《人們為什麼造反》（*Why Men Rebel*）一書。他認定「相對剝奪感」是人們造反的最根本理由。不過他也指出，造反並非絕對必要；也就是說，如果掌權的人能夠透過施政撫平社會不公，造反就沒有必要。

格爾教授的大作被翻譯成多種文字，二〇一九年台北的南天書局印行了最新增訂版，本人建議台灣政商兩界領導人士不妨仔細拜讀一番。

淺見以為：在教育普及民智大開的今日台灣，任何政黨只要在執政位置上不能妥善處理利益分配問題，四年一到或八年一到，都可能被憤怒的選票驅逐下台。那麼，志在邦國的政治家們豈可不敬慎敬謹？

【附註】

註①：鄧小平（一九〇四～一九九七），四川人。在中共政權中幾起幾落。一九七八年成為中共最高領導人。之後他說「要讓一部分人先富起來」，說要「摸著石頭過河」試驗資本主義經濟要領。

從鄧小平開始，經過三十年打拚，中共終於成為「世界工廠」，經濟發展大發異彩。外匯存底以幾兆美元計。國際社會普遍認定中共已「大國崛起」。

鄧小平顯然功在中共。但他處理六四天安門事件的手法備受國際訕議。

註②：據統計，二〇一〇年以來，全球十億美元以上富豪的財產每年增加十三％，是一般勞工每年僅增加二％的六點五倍。

另據統計，二〇一七年全球股市再現榮景，但在全球財富增加中，有八十二％落入一％富豪的口袋，佔全球半數人口的三十七億人卻未分享毫釐。

二〇一九年「國際樂施會」說，全球二十六名最富有的人擁有的財產等同全球三十八億最貧窮人口身家的總合。

【十二說】監察制度是政府內部防腐劑

孫中山當年設計五權憲法，以行政、立法、司法、考試、監察五權分立為中央政府體制。

當時孫中山說：其中考試、監察二權為中國所獨創。這句話不對。

事實是，考試一直是世界古文明的一環，只是考試的內容各有不同。

事實是，監察制度存在很多古老國家，像羅馬帝國元老院的元老就擁有監察權。

中國有很多朝代設有諫官，官名各有不同，但進諫和彈劾職權一般。

過去一段時間，廢除考監二院的呼聲不斷。弔詭的是，主張廢除考、監二院的人，並不是說考監二權不重要，而是說考監二院效能不彰。拿效能不彰作為廢除設院的說理，其實不合論政邏輯。

容我坦白以道，如果某一機構效能不彰，那通常是人的問題，不是機構的問題。

就監察院而言，原來憲法明定，監察委員由各省和各院轄市議會選出。當年有一些心術不正的政客，花錢向省市議員買票當選監察委員，是眾所皆知的事。這一些拿錢買票的監察委員，當然不可恭維。

更不堪的是，有人拿錢買票就是有人收錢賣票。某年有一資深黨外政治家算清楚省議會有五張黨外省議員選票，便逐一爭取而且得到承諾支持，豈知竟然開出零票。

後來修憲，監察委員改由總統提名，經立法院同意後出任。那麼享提名權的總統，是大公無私或藉以酬庸？是用人唯親或因才器使？就變成成敗的關鍵。此外，被提名人假如不知道監察委員是風霜之任，不自問有多少風骨和能耐，也會同樣害事。

政治有理想與現實兩個面向，瞭解政治的人不會期待凡事一百分，但假如連六十分也達不到，必然遭受批評。

翻閱我國監察史，即使在威權時代，風骨嶙峋的監察委員也非絕無僅有，他們彈劾行政院長俞鴻鈞（註①），他們為孫立人翻案（註②），在那個時代，這等於和蔣中正總統對幹。

本人不曉得主張廢除監察院的人知不知道，世界上有一百二十幾個國家的監察機構合組「國際監察使聯盟」。

但本人知道，監察權假使併到立法院，由於立法委員品類複雜，其後果難以預料。

淺見以為：考監二權可以不必設院，但不可廢權。本人長年來主張，設立組織精簡、超越黨派、獨立行使職權的「國家考試委員會」和「國家監察委員會」，以為改革要領。

【附註】

註①：民國四十六年，監察院蕭一山、陶百川、王文光、吳大宇、俞俊賢、熊在渭、陳大榕、劉耀西、于鎮洲、陳志明、劉永濟等十一位委員提案彈劾行政院長俞鴻鈞。

彈劾理由是：俞鴻鈞任行政院長以來，已逾三年，因循敷衍，不求振作，號稱財經內閣，而財經問題日形嚴重；標榜崇法務實，而法治精神敗壞殆盡……政治則泄沓成風，社會則乖戾充盈，不肖官吏攏絡彌彰，軍公人員仰屋興嘆。事例綦多「不遑枚舉……」。

註②：民國四十四年，總統府參軍長孫立人因下屬郭廷亮匪嫌牽涉引咎辭職，旋被軟禁，其後被指涉嫌叛亂，震驚國內外。監察院曹啟文、蕭一山、王枕華、陶百川、余俊賢五位委員因此立案調查。十一月二十一日發表監察報告，指孫立人對管制下屬職有未盡，但「國防部將本案作為叛亂事件處理，軍法局亦依據『懲治叛亂條例』進行審判，而本小組則認為本案尚未具備叛亂罪之要件。」調查報告最後要求，孫立人「既向總統引咎辭職，並奉總統令准免職，飭國防部隨時察考以觀後效，不再另行議處。」

【十三說】自由媒體是政府外部防腐劑

在西方先進國家，自由媒體被稱為行政、立法、司法之外的第四權。所謂自由媒體是指自由採訪、自由報導、自由評論的平面或電子媒體。其型態包括期刊、日報、廣播、電視以及新生網路社群平台，但不包括政府或政黨設立的媒體。假如專做某政府或某政黨的傳聲筒，或者明顯被政府或政黨籠絡收買的媒體也不會被認定是自由媒體。

自由媒體的產生在任何國家都是一段漫長的奮鬥過程。由於自由報業和評論常常站在公權力的對立面，自由媒體從業人員被迫害的歷史血跡斑斑。在滿清末年和民國初年軍閥混戰時段，報館被關門、報人被殺害的事例層出不窮。國外境況一般。

假如掌握公權力的人討厭自由媒體或自由報人，在情理上可以理解；因為假如不是自由媒體和自由報人，政治人物幹了什麼丟人現眼或傷天害理的事，廣大社會就不會知道；那麼您說自由媒體和自由報人討不討厭？

美國已故總統尼克森當年競選連任的時候，手下前去水門大樓偷取政敵情報的醜事被《華盛頓郵報》的記者知道了。不畏威權的報社當局如實刊出，只因為尼克森說謊否認在先，演變到不得不含羞下台於後。整個過程就是惡名昭彰的所謂「水門事件」。（註①）

美國總統詹森打越戰，打到後來美國社會分裂，詹森夜不成眠。備受美國人民信任的電視台主播華特・克朗凱一句「美國只剩撤兵議和一途」，情勢急轉直下，詹森總統只好終結勞民傷財、死傷無數的越戰。

台灣的新聞自由也有一段艱苦奮鬥的過程。台灣有報紙始於日據時期，但殖民當局百般刁難。二戰結束後日本人回去了，但在國共內戰中失敗搬遷來台的國民政府同樣壓制媒體。在戒嚴時期，「戒嚴時期出版物管制條例」由警備總部負責執行，「為匪宣傳」、「破壞善良風俗」、「混淆視聽」都是大紅色帽子。在那個時代不少人被送入牢獄，也有人自焚而死，一直到解嚴，才好不容易開放報禁，並解除媒體管制。

本人是那個時期的過來人，本人偷天之福未遇災厄，可是情治單位監控和御用學人詆毀的傷痕至今還在。

不過，本人也必須公正指出，善惡常常併存，正邪總是交雜，即使在戒嚴時期，政府接納報界建言形成政策的案例，也所在多有。比如農民利益的調升、環保施政的起步、出口優惠的增強、原住民社經地位的提升……，都是媒體報導建言於先，其後政府接納批評推出改善政策的結果。

那麼，今天台灣的新聞自由百分百了嗎？

沒有！

壓制是公權力惡劣，收買籠絡也是公權力惡劣。辦媒體的人另有不良目的則是另一種型態的惡劣。

現在台灣公權力不敢恣意壓制媒體了，但收買籠絡大行其道。拿一套自以為是的意識形態經營媒體的人也非絕無僅有。

另有一個不可不說的亂象是黃鐘毀棄、瓦釜雷鳴。

在美國、日本、英國等先進國家，媒體人很受社會敬重，被認為是引導社會進步的高級知識分子。

百年來，在國際上一直被推崇為報業標竿的美國《紐約時報》，編輯部門工作人員就有二百多人獲有博士學位。他們負責與所學相關的一條編採專線。即使專業到這般境地，一旦發現錯誤，隔天該報會立即在版面上自行更正。

本人不敢奢望台灣的媒體經營到這種境界，可是至少至少可以自我期許客觀報導、公正評論吧！

不知道從什麼時候開始，台灣有一些支持甲黨的媒體人，凡是甲黨做的什麼都對。另有一批支持乙黨的人，凡是乙黨幹的錯事也恣意掩蓋。更糟糕的是，還有一批嚮往中共的人，每天迫不及待地擔當北京的傳聲筒。

我們必須承認，今日台灣是一個分裂的社會。

為什麼分裂？

答案很複雜，但有一批自稱媒體人的先生女士每天在雜誌、報紙、電視上指鹿為馬、信口雌黃、顛倒對錯、胡說八道，卻不自知是社會分裂的禍首。

我知道很多學有專精、言行嚴謹的人拒絕接受電視談話性節目邀請，只因為羞與為伍！

說到這裡，本人不得不嚴厲抨擊政府權責單位對媒體管理輔導業務的嚴重失職。

如所周知，任何產業都有市場規模與市場秩序這回事。小小一個台灣怎可能容得下兩百個電視頻道？其結果是除了宗教頻道可以仰賴信徒獻金，除了公共頻道可以仰賴政府捐贈之外，其餘都必須分食極小的商業廣告大餅。

偏偏台灣的商業廣告大餅一直縮小，以致市場秩序失控；節省製作成本變成經營要領，仰賴政府標案成為要領，敢問：這樣子的媒體經營環境怎麼不會亂象百出？

據本人確知，一百家報社現在九十九家每年虧錢，其中道理與電視市場規模一般。

戒嚴時期嚴厲禁止是一種極端，解嚴之後盲目開放也是一種極端；治理國家假如有這麼簡單，三歲小童都可以當部會首長，不是嗎？

本人曾在媒體界工作了三十三年，今天說這些話其實內心無比難過。但為了台灣好，考量再三，還是決定實話實說；至於知我罪我，我不計較。

不過，本人也必須在文末據實記述：甘作敗類的媒體人畢竟少數。今天台灣媒體界的多數仍然謹守媒體作為社會公器的信念，每天孜孜矻矻的工作；我一方面要為他們受了敗類的拖累而叫屈，一方面要向他們表達一份由衷的敬意。

淺見以為：台灣的新聞自由得來不易，擁有公權力的人應知新聞自由是清明政治的必要之惡，並視攏絡收買媒體為恥，視維護市場秩序為天職。媒體人更應秉於公器使命，外慚清議、內疚神明，好自為之。

【附註】

註①：一九七二年六月十七日，五名竊賊在設於華盛頓特區水門公寓大樓的民主黨全國委員會總部被捕。其中四人後來被查出曾參與中央情報局在古巴從事針對卡斯楚的特務行動，另一人是尼克森總統競選連任委員會成員。《華盛頓郵報》隔天刊出記者卡爾伯・恩斯坦和伍德沃德的報導，白宮隨即嚴詞否認。

兩位記者鍥而不捨，在此期間尼克森手下努力湮滅相關證據，尼克森還秘密下令聯邦調查局停止調查。

兩位記者的後續報導，消息來源多為「深喉嚨」，事發三十年後揭露此人即為當時聯邦調查局副局長馬克・費爾特（William Mark Felt, Sr）。

其他媒體後來加入撻伐行列，尼克森雖然百般掙扎，但隨後被告認罪，尼克森啞口，舉國震驚。

一九七四年五月，眾議院啟動彈劾調查。八月八日尼克森以他「不再擁有足夠強大的政治基礎來執政」為理由宣布辭職。

副總統福特依憲接任，九月八日明令無條件赦免，福特的支持度一夕暴跌。

「水門」一詞後來成為政府各類醜聞的代名詞。

【十四說】意識形態與政治

有一位老先生，慈眉善目，原為大學工科教授，後來曾經在地方政府和中央政府任官。退休後閒來無事，常在手機群組上發表高見。但他的高見千篇一律，都是嘲諷美國走向衰敗，指斥台灣政府無能無恥，歌頌中共大國崛起，說習近平應得諾貝爾和平獎，而且很期望台灣快快被統一。

毫無疑問地，這是意識形態作祟，是莫名其妙的意識形態使這位老先生每天在群組上出醜而不自知！

中共在鄧小平從事改革開放後，確實不同凡響，國力崛起，傲視全球。可是迄今一直在人權法治自由民主的普世價值上繳白卷；作為一個台灣本土知識分子，怎麼竟然期盼中共快快併吞台灣？

可見意識形態這個東西，足以令人驚心！

什麼叫意識形態？

它的英語是ideology，有人音譯為意締牢結，是一種無價值選項的概念，是對人、對社會、對宇宙的認知與信念的整體形態。

每個社會都有意識形態，可是社會中大多數人通常都看不見它。追求政治權力的組織會想去影響社會中的意識形態，將它變成他們想要的樣子。研究意識形態的社會學學者便指出：資本主義、共產主義、法西斯主義、帝國主義，乃至於無政府主義，其實也都是廣義的意識形態。

人類學家克利弗德·紀爾茲甚至於指出：當一個社會產生了社會與政治危機，加上流失方向而產生了文化危機，就是最需要意識形態的時候。

大英百科全書因此直指「意識形態是一種似是而非的解釋世界的方式。它賦予人們以認同、尊嚴和道德的幻象，而使人們與現實輕易地脫離。」也就是說，意識形態會讓人們欺騙一己的良知。或者也可以說，它是一層面紗，用來掩飾自己卑瑣的心態。

在台灣，二千三百多萬同胞除極少數原住民族的來歷仍然待考外，其餘都是先來後到的移民。由於先來後到，所以每一個人的歷史記憶和歷史感情各不相同，不知不覺、有意無意之間便就各自生出不同的意識形態。

容我坦白以道：由於各種不同的意識形態作祟，又沒有德望崇隆的一流政治家從事有效整合，今天台灣社會才呈現出這般分裂狀態。

我們平日看報紙或看電視，常常會看到對同一件事情，在不同政黨之間，見解南轅北轍。

在電視台參加談話性政論節目的某些名嘴，一憑意識形態，甲把黑的說成白的，乙把白的說成黑的。觀眾之中一定有很多人是非黑白分明，但某些名嘴先生女士們硬就是口沫紛飛、慷慨激昂，自以為代表公道與真理，卻不自知只是每天在那裡自曝淺薄。

說美國是一個霸權國家，這是對的，說美國的國家利益與台灣不完全相同，這也正確；但一口咬定美國必定把台灣搞成第二個烏克蘭，那是意識形態作祟！

說中共大國崛起，這說的是事實，說兩岸一旦發生戰爭，台灣會很麻煩，這說的也是實話；但無視台灣綜合國力不容小覷，一口咬定台灣一定會被中共生吞活剝，那是意識形態作祟！

批評甲黨執政缺失多多，即使說的是事實，但認為只要改由乙黨執政，隔天台灣就百廢俱興、百花怒放，那是意識形態作祟！

假如您是必須為物質生活無暝無日打拚所以沒有餘力思考是非黑白的男女，我沒有話說；假如您不必那麼勞苦，又心繫家國，卻也隨時拿意識形態騙己騙人，那麼容我坦白以道：您愧為知識分子。

淺見以為：作為知識分子，理當神志清明、慎思明辨，自我要求做社會國家進步的推力；萬萬不可糊裡糊塗、口不擇言，自甘淪為社會國家進步的阻力。

【十五說】歷史記述與政治

只有人類有所謂歷史，也只有人類有所謂文明。可是一直到今天，人類到底已有多長的歷史？不同科學領域的學人各有說法。至於文明的定義也解說各異，不過，「人類生活的總體表現」似乎是最大多數人接受的文明定義。

本節以「歷史記述與政治」為題，自然聚焦於有文字記述的歷史。

綜合各方研究，有文字記載的可信的人類歷史大約始於五千年前。

人類文明的發源地，一般同意發源於黃河流域、恆河流域、尼羅河流域以及幼發拉底河和底格里斯河流域。

黃河在現今中國，有文字記載的歷史始於《尚書》。《尚書》以夏朝為起頭，夏朝建立於西元前二二〇五年。如果嚴謹地要求有逐年記史，那就從周朝開始，周朝起始於西元前八四一年。夏朝之前是盤古開天到五帝。根據《廿五史演義》，這段時間長達一萬八百年，但神話鬼話連篇。

恆河在現今印度，佛陀悉達多王子出家和得道大約在西元前五百六十年。那時候印度有幾百個土邦。

尼羅河在北部非洲。依據聖經，以色列人建立王國是大約西元前三〇〇〇年。書寫特洛伊戰爭的長篇史詩《伊里亞德》記載的是西元前一二五〇年的事。許多法老王的雕像，據考據，大約完成於西元前二六〇〇年。

幼發拉底河和底格里斯河流域在今天的中東，那裡的農耕和畜牧文明大約起始於西元前五千年，但鄰近的希臘城邦文明出現在西元前八〇〇年至五五〇年之間。

歷史學家和考古學家都說，後人在世界各地發現的許多洞穴壁畫，應該是人類在文字發明以前的文明表達方式。

很久很久以前，我看過一個記述。說有一位歷史學家因得罪當道被判刑入獄十年。這位歷史學家心想，十年很久，何不就利用這十年時間書寫羅馬帝國史？

有一天，牢房外有二人打架，數十人圍觀。這位歷史學家事後逐一訪問在場圍觀的人，到底因何打架？過程如何？誰贏誰輸？其結果是被訪問者人言言殊。歷史學家因此心想，連眼見都不足為憑，我怎麼去寫兩千年前的羅馬帝國史？

於是，歷史學者百般無奈的放棄了大願。

何謂歷史？

歷史泛指人類社會過去的事件和行為以及對這些事件行為有系統的記錄、詮釋和研究。

為什麼歷史重要？

因為可以「以史為鑑」。也就是說，歷史可供今人理解過去，以作為未來行事的參考。

然則歷史記述一定正確無誤嗎？理解過去就一定可以拿來作為未來行事的參考嗎？

前頭提到《廿五史演義》，且抄二段，看您相信多少其中記述：

「卻說盤古生後，感陰陽二氣，交媾融結，漸漸生起人來，皆長大醜漢。星散而居，飲水食草，無知無識，亦無君長。乃至天皇氏，以木德王，創作天干地支，天干者甲乙丙丁戊己庚辛壬癸也，地支者子丑寅卯辰巳午未申酉戌亥也。天干地支，輪流配合，周而復始，是為六十甲子，以定歲時所在。自是五運始興，大化始立……」

「戊辰元年，妹女媧氏立。女媧氏與伏羲氏同母所生，生而神靈，面如傅粉，齒白唇紅，身長一丈……群臣推女媧氏為主，號為女皇。……女皇尋思良久，乃命群臣於五方尋取五色雲母石，復命取五色礬石煉成膏，將雲母黏成大塊，補為不周山，障住了寒風嵐瘴，日月復明。……」

神話胡說八道就算了，不是神話的歷史記述又當如何正確看待？

我查維基百科，它說中國是世界上書載歷史最完備的國家，不只記錄時間最長，而且內容最為精確詳細。它說《尚書》是世界第一部歷史書，其後司馬遷著《史記》，班固著《漢書》，司馬光著《資治通鑑》，都是中國史學上的奇葩。相較於西方歷史學始於西元前五世紀才有《希波戰爭史》一書，中國是如假包換的文明古國。說中國歷史書寫時間最長，這是客觀事實，然而說「內容最為精確詳細」，恐怕未必！

有一句話，說「不以成敗論英雄」，可是官方書寫的歷史一定「成王敗寇」。明明是朝政敗壞，烏七八黑，芸芸眾生餓死了一大堆人，武勇者呼群保義、揭竿而起，卻不幸被官軍剿滅，那麼在官方書寫的史冊上一定是盜匪之亂。《史記》一書中，可以看到人民造反不斷，但這些革命一律被稱為叛亂。

那麼到了晚近又如何？

國共內戰，國民黨戰敗，毛澤東建政後發出的第一號通緝令通緝「蔣匪介石」。相反地，在台灣復行視事的蔣中正總統誓言反攻大陸，「殺朱拔毛」。

毛澤東通緝蔣介石和蔣中正總統誓言殺朱拔毛，可視為蔣毛政治恩怨情仇，無品的歷史學家卻令人不齒。五十年前我在海外旅行途中，讀過一本叫《金陵殘夢》的禁書。百萬字大部頭著作，把蔣氏政權一干人等描寫成殺人放火、貪腐無度、奢侈荒淫的集團。其實蔣中正打共產黨功敗垂成，其實面對日本侵略，蔣軍浴血苦戰；一部分人貪污腐敗、令人厭惡是事實，作者加糞加尿寫的那麼不堪，是御用文人討主子歡心捏造歷史。

法國的拿破崙，軍人政變，建立了新法蘭西帝國，雖然後來敗亡收場，但充滿民族驕傲氣息的法國歷史學家左思右想，還是把他塑造成一代英雄。

日本的德川家康建立幕府政權，挾天子令諸侯垂二百餘年，到了明治維新的時候把他殺妻殺子說得一文不值。二戰後為重振大和民族雄風，竟把他從歷史的垃圾堆中撿出，重新塑造為一代英豪。

歷史這個東西，顯然充滿了偏見和扭曲，好在，除了官方歷史外還有人民歷史。梁山泊那一百零八條好漢，官方數度圍剿。可是，一直到今天這些綠林好漢在庶民眼中仍然是半匪半英豪。

詹姆斯・洛溫（James William Loewen）是美國知名社會學家，他寫了一本叫做《老師的謊言》的大部頭著作，把美國高中課本扭曲的歷史一一指出，並指斥美國政府刻意美化成功，掩蓋失敗。

且舉二例：

——美國高中的教科書一律記載哥倫布於一四九二年發現新大陸，事實是一四九二年之前已有很多人抵達美洲。考古學家、生物學家的研究是最有力的佐證，教科書不作詳確的記述是因為詳確的記述會使歐裔美國人感到不自在。

——一九六五年到一九七三年美國打越戰。美國在越南投擲的炸彈是二戰全部戰場所投擲的三倍，但教科書上輕描淡寫，因為那場戰爭有很多令人驚悚的惡行，這些惡行連同後來以敗戰收場會損傷美國的榮耀。

還有一位名叫哈拉瑞（Yuval Noah Harari）的美國歷史學家寫了一本叫做《人類大歷史》（*Sapiens: A Brief History of Humankind*）的大作。他說一七七六年的「美國獨立宣言」把「人人生而平等」喊得震天作響，有如摩西十誡，其實政府不止把人分成上下等級，還分別了男女。上等級的白皮膚男人從中得利，黑人、印第安人、女人不是人，哪來人權？我們都知道美國女性享有人權是獨立之後很久的事。印第安人在美國獨立後不斷被殺害。至於黑人的人權一直到上個世紀的七十年代經過幾番衝突、抗爭之後才逐步落實。

我要說：連強調一切透明、高舉公義大纛的美國都如此這般，那麼另外一些獨裁高壓的國家如何編寫歷史也就不問可知了！

且讓我引用三位歷史學家的話作結：

錢穆：「知道歷史，便可知道裡面有很多問題。一切事不是痛痛快快一句話講得完。」

黃仁宇：「盲目恭維不是可靠的歷史，謾罵尤非歷史。」

呂思勉：「歷史上的事實，所傳的總不過一個外形，有時連外形都靠不住，全靠我們根據事理去推測它、考證它、解釋它。」

淺見以為：瞭解政治歷史很重要，但歷史不是科學。如果要讓歷史記述有利社會國家的進步，重點不是要求歷史作家正確記述，而是期望讀史的人能夠正確解讀。

【十六說】金錢與政治

金錢與政治連結的第一要義，當然就是凡百庶政非錢莫辦。政府為了發放龐大人手的薪酬，為了推動各項施政，每年下半年都要編列下一年度的預算，提交議會審查。

我國中央政府的年度預算，早已突破兩兆。院轄市的年度預算以數千億計，各市縣的年度預算以數百億計。

此外，國營事業的年度支出也必須送請立法院審查。這一部分例行事務因為同胞耳熟能詳，本人不多解說。

本人把重點擺放在諸多微妙的連結。

我們常常在媒體上看到「金權政治」或「金權掛鉤」一語。事實上金錢與政治的連結，樣態繁多；一竹竿打翻一船人不好，是非混淆也不好。

我舉我知道的三個案例，讓大家思考其中是非。

案例一：某君警察出身，因為精明能幹，步步高升到某部會次長，任上因父親年邁罹癌接受摯友提供外勞照顧，被移送監察院調查。查案委員以某君與該友人並無政商利害瓜葛，判定事屬情義相挺而非貪污枉法，不予彈劾。您說這當中誰是誰非？

案例二：有一位在對岸經商的友人告訴我，他創業初期遇到很多難題，多虧省府高官某君多方協助。後來友人知道某君兒子要赴美留學卻苦於阮囊羞澀，友人乃主動提供協助。您說這是金權掛鉤或知恩圖報？

案例三：甲君營商，營商難免碰到一些與政府權責相關的問題。甲君碰到難題的時候，習慣找他長年擔任民代的同學乙君幫忙。過年的時候，甲君習慣致送不做營利事業的乙君一筆錢拜年。您說這是金權掛鉤或同學互助？

參加選舉是很花錢的事體，然則錢從哪裡來？

包括台灣在內的不少民主國家制定了「政治獻金法」，也就是說，國家認定獻金合乎情理、所以立法明定規矩。（註①）

不過，立了法並不能保證人人守法。台灣政界應該很多人都知道，在大規模的選舉中，現行「政治獻金法」規定的獻金上限並不濟事。

本人確知，某些財團在提供政治獻金時不分顏色，雨露均霑，而且不受獻金法節制。

在不少人的字典裡，「犯法」一詞自有解說；他們認為假如檢調單位查不出我獻了多少現金，哪來「違法」？歷屆總統選舉結束，候選人辦公室的人手必須依法向監察院陳報收支，然則您相信他們陳報了確實數字嗎？

二十幾年來常有朋友問我：「選總統要花多少錢？」我都很坦白地回答對方：「如果包括政策買票，選總統要花天文數字的錢。」

執政的黨才能政策買票，而且動則以數百億計，在野黨通常大力斥責。可是買票政策會使一大群人受惠，其中是非，爭論個幾年也不會有定論。而且換個黨執政就一定不會政策買票嗎？很多人討厭政治正是因為他們認為天下烏鴉一般黑！

台灣各級議會選舉議長、副議長，幾十年來買票官司層出不窮。這種情事在議會之內與議會之外，解讀迥異。

議長、副議長由議員互選產生。在議會之內，普遍認知是，既然每一位議員都可被同僚選為正副議長，那麼有志擔任正副議長的人「給點補貼理所當然」，「我假如不是議員，怎會有一票支持您？我當選議員花了不少錢，您要當正副議長當然要補貼我一點。」

可是議會之外，人們當然認定這是政風敗壞。至於到了法庭，它不止政風敗壞，是犯罪行為。

台灣庶民社會講究情理法，情理擺在前面，法字放在後頭。

所以，在議會之外，沒有人會懷疑有無買票情事，在議會之內大家心照不宣，一旦走到對簿公堂，他們認為那是「倒楣」。

本人據實記述，當然絕不表示本人認同犯罪，我只是直白說出人世間是非多解；也就是所謂「此亦一是非，彼亦一是非。」

政黨是一大群黨員的組合，由於出身背景或利害攸關或理念相同，黨內有派、派下有系，成為必然。派系一定會有頭目，做頭目的人幫派系內成員籌募部分競選經費成為一種責任。

在日本，派系叫派閥。五十多年前有位名叫田中角榮的首相為了幫派閥成員籌募競選經費，竟收取了美國洛克希德公司販賣飛機的巨額佣金，最後鋃鐺入獄。

在台灣，有人有樣學樣，某位前總統貪瀆案發後，他的女兒就面對電視鏡頭大嗆：你們哪位沒有收過我父親給的錢？這位前總統後來也去坐牢。

為什麼做頭目的人必須找錢？政治現實也；為什麼你們哪位沒有收過我父親給的錢？政治現實也；為什麼吃官司坐大牢？法網恢恢也！

金錢在處理外交關係上效用更大。假如某個國家認定中華民國台灣是國際外交市場上的買方，因此前來向我們要求協助什麼，便可能一拍即合。這些國家很歡迎我們的高層到訪。他們來人時，我們也備極禮遇，雙方行禮如儀，相互感佩一番，但一切盡在不言中。

本人確知：我國駐某國大使館，從七十年前就被最高當局特准不必將大使館每年收取的巨額簽證費繳回台北國庫，讓大使得以用那筆錢贊助該國國會議員選舉。其後效是長年以來該國國會議員友華會的成員一直為數眾多。

本人確知：某年，我國為了爭取參與某一國際組織，不得已只好滿足該機構首腦的巨額需索。

這位不肖人士的需索當然令人不齒，可是換個樣態的花費也所在多有。比如美國的公關公司拿錢去幫我國政府做美國國會的遊說工作，這又如何解讀？

故副總統謝東閔有句名言，說「政治真真假假、虛虛實實。」這句話用在國際政治最為傳神。

淺見以為：政治不可能與金錢無涉。政治有理想和現實兩面，瞭解現實也算是一種世事洞曉。金錢政治的山頭，真的是「橫看成嶺側成峰，遠近高低各不同」，但我們仍需有所堅持，那就是貪贓枉法不可！以權謀錢不可！以私害公不可！假公濟私不可！藉勢藉端不可！

【附註】

註①：台灣現行「政治獻金法」第十四條「任何人不得以本人以外之名義捐贈或為超過新臺幣一萬元之匿名捐贈。」「超過新臺幣十萬元現金捐贈，應以支票或經由金融機構匯款為之。但以遺囑捐贈之政治獻金，不在此限。」

第十七條「對同一政黨、政治團體每年捐贈總額，不得超過下列金額：一、個人：新臺幣三十萬元。二、營利事業：新臺幣三百萬元。三、人民團體：新臺幣二百萬元。」「對不同政黨、政治團體每年捐贈總額，不得超過下列金額：一、個人：新臺幣六十萬元。二、營利事業：新臺幣六百萬元。三、人民團體：新臺幣四百萬元。」

第十八條「對同一（組）擬參選人每年捐贈總額，不得超過下列金額：一、個人：新臺幣十萬元。二、營利事業：新臺幣一百萬元。三、人民團體：新臺幣五十萬元。」「政黨對其所推薦同一（組）擬參選人之金錢捐贈，不得超過下列金額：一、總統、副總統：新臺幣二千五百萬元。二、立法委員：新臺幣二百萬元。三、直轄市長、縣（市）長：新臺幣三百萬元。四、直轄市議員、縣（市）議員：新臺幣五十萬元。五、鄉（鎮、市）長、直轄市山地原住民區長：新臺幣三十萬元。六、鄉（鎮、市）民代表、直轄市山地原住民區民代表、村（里）長：新臺幣十萬元。」「對不同擬參選人每年捐贈總額，合計不得超過下列金額：一、個人：新臺幣三十萬元。二、營利事業：新臺幣二百萬元。三、人民團體：新臺幣一百萬元。」

同法第二十條並明定，擬參選人及政黨、政治團體必須於選後向政府提出會計報告書，並明定應記明之細目。

【十七說】宗教與政治

依據人類學者研究，人類是猿猴蛻變而成，時間是大約兩百萬年前。（註①）從二百萬年前到有文字或壁畫記載的一萬年前，人類文明不可考，但必是遭受天災不斷折磨。在那漫長的歲月中，已經有初級智能的人類因而生出神鬼信仰，用以作為心靈的救贖，應為事理之必然。

神鬼的事，一直到科學昌明的二十一世紀今天，仍有許多待解之謎，但山有山神、海有海神、天有天公、地有地婆，在各不同地域、不同種族的壁畫、圖騰，乃至於後來的文字記載中都不斷呈現。

本人不知為不知，對神鬼之事向來不敢隨便胡說八道。

二〇一八年本人發表《壯遊書海》一書，該書開頭「宇宙生靈篇」，本人逐一介紹了《心經》、《聖經》、《古蘭經》、《六祖壇經》、《道德經》、《易經》、《四書道貫》、《黃帝內經》、《反經》、《三字經》。

在研讀這些經典的過程中，本人發現佛教、基督天主教、回教，雖然教義各有不同，但都強調博愛、慈悲、寬恕、行善、積德。無一例外。

我還發現政治和宗教以各種不同的形式連結。甚至於有很長一段時間，有些國家政教一體。（註②）此外，歷史上也有不少宗教戰爭。（註③）

二〇二〇年，本人又把親近佛教經典的經過寫成《親佛小記》一書，然後糾合十幾位好友一起把它印成善書，贈送國內各圖書館及各方善男信女。

佛教經典卷牒浩繁，本人只接觸其中極少部分，但我發現其中精髓竟可以用「諸惡莫作、眾善奉行」一語概括之。

我還發現，在中國、日本、朝鮮以及中南半島，官方建廟，供養高僧，鼓勵譯經，明顯企圖以推廣佛教作為安寧社會之要領。

佛教從中國傳到台灣，星雲法師在高雄開創佛光山教團，證嚴法師在花蓮開創慈濟教團，聖嚴法師在台北開創法鼓山教團，不只在台灣一地吸引了廣大信眾，還擴及海外，並且慈悲行善。其他如靈鷲山教團、中台禪寺教團也都有大表現。近年來都說「台灣最美麗的風景是人」，本人認為這是因為很多台灣人受了宗教影響，所以樂於助人、和藹可親。

兩百多年來，媽祖出巡遶境是台灣宗教界一大盛事。電視發達後，不管哪一尊媽祖出巡遶境都成為舉國喧騰的大活動，國家元首帶頭參與，人民如痴如狂；您說宗教，它是宗教；您說政治，它當然也是政治。

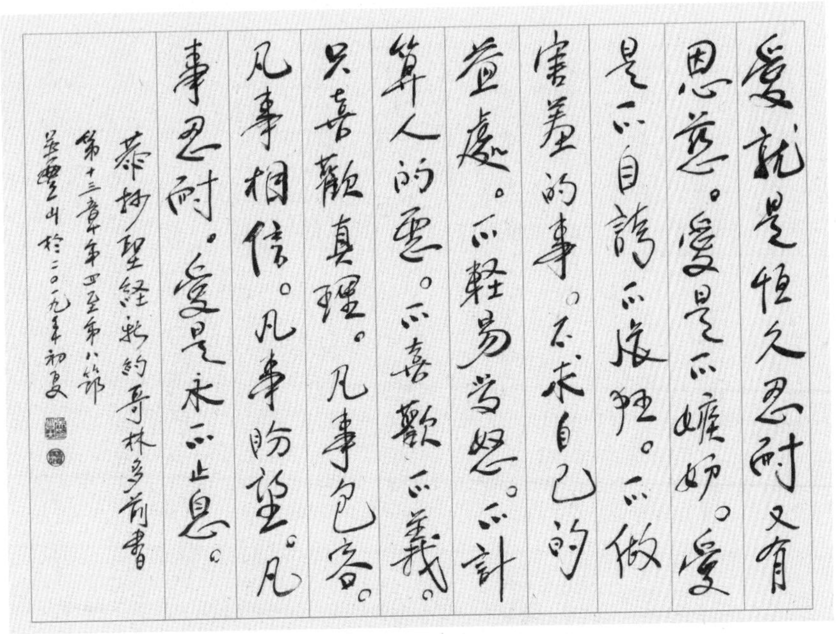
愛就是恆久忍耐又有
恩慈。愛是不嫉妒。愛
是不自誇不張狂。不做
害羞的事。不求自己的
益處。不輕易發怒。不計
算人的惡。不喜歡不義。
只喜歡真理。凡事包容。
凡事相信。凡事盼望。凡
事忍耐。愛是永不止息。
恭抄聖經新約哥林多前書
第十三章第四至第八節
吳靈山 於二〇一九年初夏

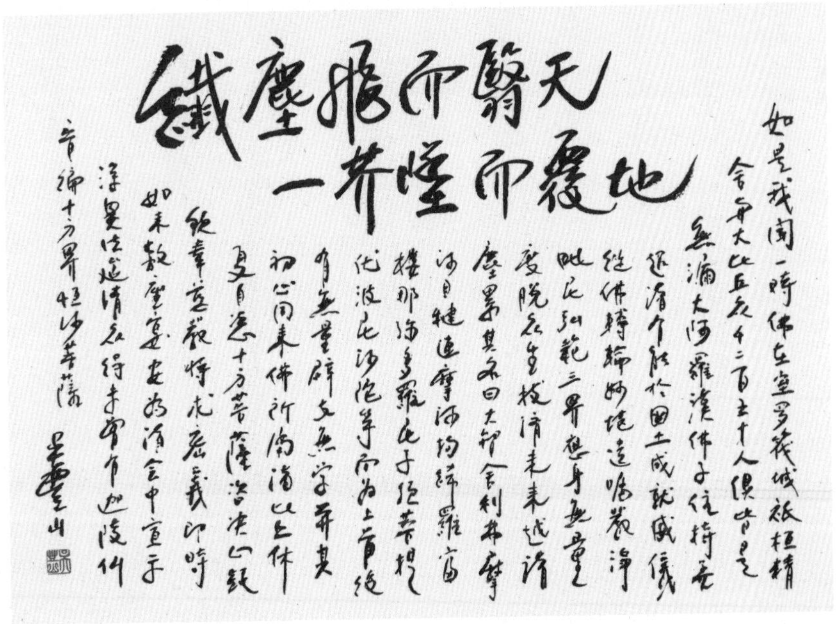

還有一事，本人認為也應視為宗教與政治之連結。

在台灣尚未有經濟建設成果的年代，不少基督天主教會的牧師、神父、修女奉所屬教會之命前來台灣傳教，同時從事慈善工作，對台灣的偏鄉和弱勢民眾照護備至，令人感佩。偏鄉和弱勢民眾的照護，照道理說，應該是官府的責任，官府力有未逮，教會人士填補了這個缺口。本人認為這也是宗教的價值，合當得到讚頌。

相反地，不少國家在不同的時期曾有迫害宗教人士的慘烈情事，本人認為應受譴責。

本節一開始，本人就說不知為不知。

為了這個不知，本人曾經做過很多閱讀、觀察和思考。不過，我必須坦白承認，這個不知迄今依舊。

本人周邊有一些親友，基於自身經驗，對神鬼深信不疑。我相信他們的說詞，但相信不等於了解。也就是所謂「知其然，不知其所以然」。

有神論者與無神論者之間的爭辯，時間久遠，至今未休。

無神論者認定神鬼之事無法做科學驗證。有神論者反譏：科學至今未能證明神鬼不存在。

黃小石是旅美物理學家，也是業餘傳教士。他對宗教學著力甚深，著作不少。他認為神不是我們可以共同經歷的客體。他舉二例：

──我們每個人的生命是由大約五千億億億個「原子」所構成，但是我們連一個也感覺不到。

──時間也是我們看不見、摸不到的，但卻是我們腦中思考的概念，是存在的。

黃小石說，造物者不在宇宙之中，所以人們不可能從經歷中認識祂，也不可能從想像中去思想祂，所以耶和華說：我的意念非同您們的意念，我的道路非同您們的道路。

英國大哲學家羅素（Bertrand Russell，一八七二～一九七〇）是無神論者。一九二七年他發表〈我為什麼不是一名基督徒〉。其實孔子、達爾文、伏爾泰等一大串名人都是無神論者。

楊憲東是本土科學家，是我國首位航太博士。二〇〇一年他發表《大破譯》一書，企圖連結宇宙科學、哲學、神學，以呈現人類生命的本然。他指出：科學是漸進的，不是一蹴可幾，但宗教對宇宙的描述卻是全面的。他說，科學愈昌明，愈加驗證佛經、《道德經》、《易經》的正確性。他甚至於認定佛經所談的大千世界，就是文明可以使人類操縱自然律的六度空間宇宙。

本人閱讀科學家傳記，發現其中不少人在歷練百般疑惑後，竟就乖乖地回到上帝身邊。不過也有科學家鐵齒一輩子，比如霍金就說：「沒有上帝，沒有天堂，沒有地獄，沒有來生。」

可是，宗教似乎又比這些科學家的理解更為深奧。

本人閱讀佛經，發現釋迦牟尼多次解說祂不是神，並且說人人都可成佛。

已逝佛使尊者（Buddhadasa Bhikkhu）是一位泰國高僧。據記述，他學貫三教。他對所有宗教一視同仁，但他認為如果一層又一層的深度瞭解「法」，直到體悟最高真理時，就可知道根本沒有一般人所謂宗教這個東西。解讀佛使尊者學說的人認為，佛使尊者咬定佛法就在一個「空」字。

已逝南懷瑾先生用幾十萬字解讀《金剛經》之後，也說：「好好穿衣、吃飯、洗腳、睡覺，規規矩矩做人，老老實實做事，諸惡莫作、眾善奉行，就可成佛了。」

羅馬尼亞人伊利亞德（Mircea Eliade，一九〇七～一九八六）著作《聖與俗——宗教的本質》一書，這位精研宗教史的學人說：「大部分的人都同時保有聖與俗的理念，甚至於即使不主動尋求神聖意義，但在他所未知的領域中有一個神聖，並且還為它保留了一個位子。」也就是說，宗教儀式是一回事，心靈救贖是一回事。

這本小書不是要探討宗教，觸及宗教是為了理解宗教與政治的連結，因此應該就此打住，否則會沒完沒了。

淺見以為：正信宗教都以協助眾生「革面洗心」、「謙沖自牧」為宗旨。社會安寧是人類共同福祉，法治有時而窮，正信宗教既然有利於社會安寧，那麼讓它與政治連結何妨！

【附註】

註①：據人類學家研究，人類直接的祖先「巧人」在大約二百萬年前出現，到了一百六十萬年前「巧人」演化成「直立人」。到了十幾萬年前，「直立人」才演化成「智人」，然後經由大遷徙擴展到全世界。

註②：所稱政教合一（Caesaropapism）是指政府的政治權力與宗教權力結合，君主對教會絕對控制。

歷史記載，西元第四世紀，東羅馬皇帝對君士坦丁堡教會和東方基督教會掌握絕對權威。西元第六世紀義大利統治者查士丁尼一世先後任命了三位教宗。西元第十六世紀，蘇俄的伊凡四世將俄羅斯東正教從屬國家。到了西元第十八世紀，蘇俄的彼得大帝用一個「神聖會議」取代了大主教。

註③：一般所謂宗教戰爭，主要指一〇九六年到一二九一年的十次「十字軍東征」。不過「十字軍東征」是天主教用語，穆斯林稱為「法蘭克入侵」。

戰爭始於羅馬天主教教皇對付「異教徒」，止於伊斯蘭教徒得到最後勝利。長達兩百年的戰爭死傷無數。這場戰爭，以宗教信仰為名，但後來滲入政治、佔領和貪慾，對當時的西方經濟、社會造成深遠影響。

宗教與政治的糾葛從未終止。

在中東，信仰戰爭迄今不斷。在緬甸，被政府設法清除的羅興亞人信奉伊斯蘭教。在菲律賓南方，穆斯林與軍方一直纏鬥。二〇一七年美國川普總統還一度命令限制穆斯林國家的人民入境。

【十八說】文學與政治

美國哈佛大學教授馬丁・普赫納（Martin Puchner）的著作《筆尖上的世界史》，書寫世界上十六本大作如何形塑歷史。他說：「四千年來的文學作品，不僅深刻地塑造了我們的生活，更帶領我們理解這個世界與我們於其中扮演的角色。」

本人從青年時期就養成大量閱讀的習慣，數十年間從未變易。書有好書與壞書之別；假如是好書，那麼閱讀便成為吸取知識和累積智慧的捷徑，所以本人樂此不疲。

在長期大量閱讀的過程中，我發現部分文學作品不管是詩詞、議論或小說，與政治息息相關。這些文學作品要麼歌頌豐收，要麼譴責敗政，要麼痛斥戰亂；作者心靈潔白，他們以文字參與了政治，並且期盼太平盛世。

邱吉爾是舉世皆知的大人物，不過好像很少人知道他離開首相大位後，以《第二次世界大戰回憶錄》獲得諾貝爾文學獎。（註①）

第二次世界大戰把很多國家捲入戰爭，死傷幾千萬人。英國、美國、法國、中國結合成反抗陣營，歷經千辛萬苦最後打敗了德國、義大利、日本發動的擴張野心。邱吉爾是二戰時期的英國首相，他根據史實，發揮文才，寫成歷史性巨作，目的當然是以戒來茲。

蘇俄的托爾斯泰雖然是貴族子弟，但未涉足政治，他的巨作、長達一百四十萬字的《戰爭與和平》，書寫拿破崙東征所造成的大規模破壞，並且指述人群祈求和平。

美國女作家密西爾（一九〇〇～一九四九）寫了長篇小說《隨風而逝》（*Gone with the Wind*），中文譯本為《飄》。拍成的電影，在台灣以《亂世佳人》為名。

《隨風而逝》以美國南北戰爭為時代背景。南北戰爭是美國歷史上翻天覆地的大事，那場內戰結束了一個舊時代。很多人在戰爭中歷經生死憂患，死的死了，但活存下來的人必須面對截然不同的新政治社會。

《三國演義》連在日本都廣受討論。羅貫中是最後版本的作者，他的大作深刻影響了萬千讀者對政治、軍事乃至於人情義理的認知。其中軍閥爭奪地盤，匹夫匹婦民不聊生；您說羅貫中近百萬字的嘔心瀝血是要表達什麼？

《水滸傳》是另一部古中國文學名著。施耐庵彙整的版本流傳至今。一度盛世的北宋後來走向腐敗，北部江山被蒙古人侵佔了，政府南遷，偏安江南，史稱南宋。南宋官比兵多，國庫空虛。《水滸傳》的故事即是腐敗的朝廷官逼民反、一百零八條好漢嘯聚梁山沼澤替天行道的俠義傳說。

《水滸傳》有很多鬼神記述，但把這一部分摒除，作者其實說的也是善政和惡政。

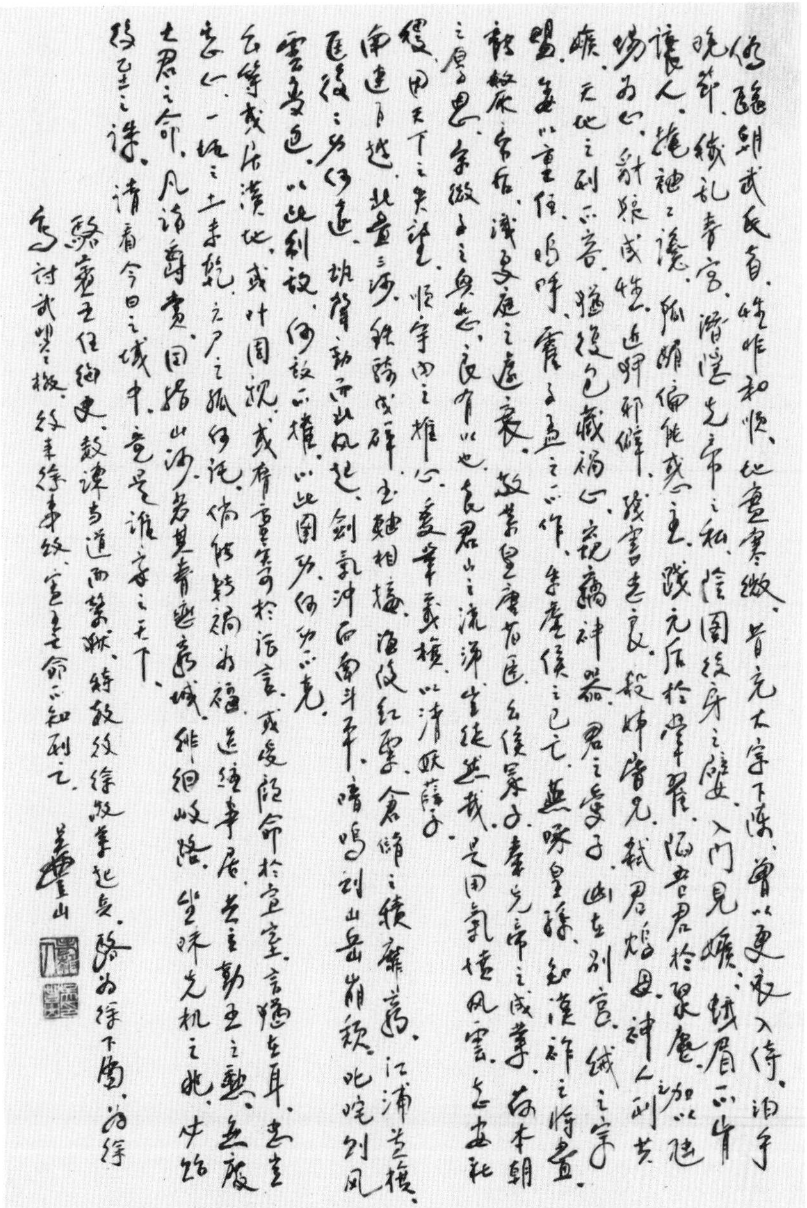
偽臨朝武氏者，性非和順，地實寒微。昔充太宗下陳，曾以更衣入侍。洎乎晚節，穢亂春宮。潛隱先帝之私，陰圖後房之嬖。入門見嫉，蛾眉不肯讓人；掩袖工讒，狐媚偏能惑主。踐元后於翬翟，陷吾君於聚麀。加以虺蜴為心，豺狼成性，近狎邪僻，殘害忠良，殺姊屠兄，弒君鴆母。神人之所共嫉，天地之所不容。猶復包藏禍心，窺竊神器。君之愛子，幽之於別宮；賊之宗盟，委之以重任。嗚呼，霍子孟之不作，朱虛侯之已亡。燕啄皇孫，知漢祚之將盡；龍漦帝后，識夏庭之遽衰。敬業皇唐舊臣，公侯冢子。奉先帝之成業，荷本朝之厚恩。宋微子之興悲，良有以也；袁君山之流涕，豈徒然哉。是用氣憤風雲，志安社稷。因天下之失望，順宇內之推心，爰舉義旗，以清妖孽。南連百越，北盡三河，鐵騎成群，玉軸相接。海陵紅粟，倉儲之積靡窮；江浦黃旗，匡復之功何遠。班聲動而北風起，劍氣沖而南斗平。喑嗚則山岳崩頹，叱吒則風雲變色。以此制敵，何敵不摧；以此圖功，何功不克。公等或居漢地，或叶周親，或膺重寄於話言，或受顧命於宣室。言猶在耳，忠豈忘心。一抔之土未乾，六尺之孤何託。倘能轉禍為福，送往事居，共立勤王之勳，無廢大君之命，凡諸爵賞，同指山河。若其眷戀窮城，徘徊歧路，坐昧先機之兆，必貽後至之誅。請看今日之域中，竟是誰家之天下。

駱賓王任御史，數諫當道而繫獄，特赦從徐敬業起兵，駱為徐下屬，為徐為討武曌之檄，後來徐事敗，賓王命不知所之。

墨山

小說之外，更多的是詩詞，光在《唐詩三百首》一書上就可以讀到很多痛斥戰亂的作品。如果閱讀《中國文學史》，痛斥戰亂的作品更見車載斗量。

「醉臥沙場君莫笑，古來征戰幾人回。」這是王翰〈涼州詞〉後二句。

「將軍百戰死，壯士十年歸。」這是〈木蘭詩〉的兩句。

「戰城南，死郭北，野死不葬烏可食。」這是一首漢樂府的開頭。

「獵野圍城邑，所向悉破亡。斬截無孑遺，屍骸相撐拒。」這是《後漢書》所載蔡琰詩中四句。

「夜深經戰場，寒月照白骨。潼關百萬師，往者散何卒。」這是杜甫〈北征〉長詩裡頭四句。

「君不見，青海頭，古來白骨無人收。新鬼煩冤舊鬼哭，天陰雨濕聲啾啾。」這是杜甫的〈兵車行〉。

文學的力量在於直接觸及人類心靈，假如談論政治，筆的力量有時勝過千軍萬馬。

美國波士頓有一個猶太人屠殺紀念碑，馬丁·尼莫勒的一首詩刻在上面：

在德國，起初他們追殺共產主義者，

我沒有說話，因為我不是共產主義者。

接著，他們追殺猶太人，
我沒有說話，因為我不是猶太人。
後來他們追殺工會成員，
我沒有說話，因為我不是工會成員。
此後，他們追殺天主教徒，
我沒有說話，因為我是新教教徒。
最後他們直奔我來，
卻再也沒有人站出來為我說話。

我看，沒有更簡潔有力的文字可以如此這般痛斥知識分子對惡政的姑息。

有一本古書，名《東萊博議》，寫政治評論的人大抵都會仔細研讀以為借鏡。《東萊博議》作者呂祖謙，宋代人士。他彙整了八十八篇古時候論政文章。細讀各文，其立論之堅確，筆力之雄健，令人嘆服。更重要的是各文對思想之開拓、識力之廣闊，可以宏肆磅礴一語括之。

另有一書《古文觀止》，在詠景述懷的諸多大作之外，也有一些政治文章，如諸葛孔明的〈前出師表〉、〈後出師表〉，其中金句一直廣被引用。如駱賓王的〈為徐敬業討武曌檄〉，在討伐武則天的反抗戰爭中扮演了重大角色。本人特別把駱文以註解方法刊載於後，讓各方讀友體會一枝健筆在政治上的巨大效力。（註②）

談論文學與政治，不可不提羅馬帝國的亞歷山大大帝。據記述，亞歷山大大帝在他締造羅馬帝國的征戰中，隨身帶著荷馬的史詩巨作——《伊里亞德》（*Iliad*），藉以隨時檢視自己的人生和軌跡。

毛澤東是文學與政治連結的另一突出案例，他讀書寫作一輩子。詩詞部分使他文名大噪。政論部分在中共建政後，為了造神，官方出版機構大量印製他的論說，動輒百萬本、千萬本。（註③）不過，文學似乎並沒有對毛的施政造成正向影響；中共建政初期的敗德可為明證。

希特勒在剛嶄露頭角時大量散發他撰寫的《我的奮鬥》一書，宣揚他重振德意志國威的雄心，可是他重振德國的雄心最後卻以敗亡收場。

這本書光在德國就印了一〇三二版，共一二四〇萬本。他最囂張的時候甚至於明令每對新婚夫婦都必須購買一冊。

美國總統甘迺迪（一九一七～一九六三）在擔任參議員的時候發表《勇者的畫像》一書，記述過往幾位傑出參議員的事功以自況。

蔣經國總統在接班之前，發表過一些作品，例如《投宿在一個不知名的地方》。這些作品大抵出自身邊文膽，目的是突顯蔣氏親民愛民以及志在邦國的形象。

李登輝總統好像很深知其中三昧。他在總統任上透過受訪，出版了多本歌功頌德著作，下台後也發表了包括《台灣的主張》等多本著作。

政治人物寫書或讀書，淺見以為都是好事，也有政治領袖做更大的事體。

比如說，清朝乾隆皇帝動用了三千六百位學人、三千八百名抄寫員，歷時九年，編纂了《四庫全書》，共收書三五〇三種，合為七九三三七卷三六三〇四冊，全套書分經、史、子、集四部四十四類。

比如說，美國約翰・亞當斯總統在一八〇〇年創立美國國會圖書館。該館現在藏書三千萬種，涵蓋四七〇種語文。還有超過五八〇〇萬份手稿，外加四八〇萬張地圖，二七〇萬首音樂。是目前世界上最大的圖書館。

據本人瞭解，台灣的政治人物，喜歡讀書的少，不喜歡讀書的多。坦白說，這是很糟糕的現象。台北重慶南路原來是書店街，現在剩下三兩家；這種現象何以出現在教育普及、經濟發達的台灣，我不敢解讀，不過我確知這種不愛讀書的情況與許多政治人物語言無味、面目可憎，其實互為因果。

文學與政治之間的多樣性關聯，令人目不暇給。

如所周知，做官的人常會仕途不順，甚或幾仆幾起。仆的時候，如果貶官還算不錯，如果下獄或冤死，令人唏噓！

歐陽修是中國北宋時代的大文學家，可是由於個性直白，所以常常得罪當道，被貶謫荒鄉。他第一次被貶是貶到滁州，乃自號醉翁，〈醉翁亭記〉就是那時候的大作。

蘇軾與歐陽修是同一時代人物，他與大力維新變法的王安石宰相不對盤，所以下獄。出獄後被貶東貶西，最後貶到當時最南疆的琼州，也就是今天的海南島。文學史記載，蘇軾創作高峰係謫居黃州五年期間，但文學造詣到達高峰，係在琼州期間。

他的〈念奴嬌〉——赤壁懷古：大江東去，浪濤盡，千古風流人物……是在黃州時的作品。那首〈水調歌頭〉——丙辰歡飲達旦大醉作此篇兼懷子由：明月幾時有？把酒問青天，不知天上宮闕，今夕是何年……是在琼州的作品。

文天祥的〈正氣歌〉八百餘年來學子傳頌：天地有正氣，雜然賦流形。下則為河嶽，上則為日星。於人曰浩然，沛乎塞蒼冥……

文天祥官至丞相，但弱宋不敵強元。文天祥兵敗，敵人要他投降，還說：「丞相忠孝盡矣。能改心以事（新）皇上，將不失為宰相也。」文天祥當然不從，其後果當然是下獄。史書記載：「天祥臨刑從容，數日（後）其妻歐陽氏收其屍，面如生。年四十七。」

語云：虎死留皮，人死留名。中國五千年歷史有幾百個皇帝、幾千個宰相，大家記不得其中幾個，但一篇〈正氣歌〉，文天祥名留青史。

曹操的兒子曹丕曾寫〈典論〉一文，推崇文學的價值。

「蓋文章，經國之大業，不朽之盛事。年壽有時而盡，榮樂止乎其身，二者必至之常期，

> 未若文章之無窮。是以古之作者，寄身於翰墨，見意於篇籍，不假良史之辭，不託飛馳之勢，而聲名自傳於後。」

曹丕不是一個好皇帝，不過在司馬懿調教下，確有一些見地。

西方政治文學又是如何一種表現？

《伊里亞德》和《奧德賽》（*Odyssey*）是文學界人士大概都知道的兩部西方史詩。西元前一二八〇～一二七〇年的特洛伊戰爭是《伊里亞德》史詩的內容，二十四章的長詩把牽涉到該場戰爭的武勇、恩怨情仇和民族情懷描寫得淋漓盡致。

《奧德賽》史詩也長達二十四章，描寫的是特洛伊戰爭結束之後伊斯加德國王優利西士的浪遊。至於荷馬（Homer）是不是兩篇長詩的作者，至今仍有爭論。

比前二部著作更為我國同胞知曉的，是蘇格拉底（Socrates，西元前四六三～三九九）、柏拉圖（Plátōn，西元前四二九～三四七）、亞里斯多德（Aristotélēs，西元前三八四～三二二）這三位師徒。蘇格拉底的弟子柏拉圖青出於藍，他著作的《理想國》（*Re Publica*）一書至今仍是政治學必讀之作。柏拉圖的弟子亞里斯多德，著作等身，他的很多學問被認為是多樣學術的源頭。

《伊索寓言》（*Aesop's fables*）是另一部我國同胞知道的古希臘名著。

到了十五、六世紀文藝復興（Renaissance）時期，文學創作大放異彩，紙和印刷術的發明，更助長了文學作品的散布。之後兩三百年文學作品的表達樣式和內容更見五彩奪目，不過，政治，或者說人類的悲喜，始終是文學的一大內涵，不同的只是表現的方法與進入的角度。

其中不少名作曾被介紹給中文讀者，例如西班牙塞萬提斯（Miguel de Cervantes Saavedra，一五四七～一六一六）的《唐吉訶德》（*Don Quixote*），例如英國莎士比亞（William Shakespeare，一五六四～一六一六）的諸多戲劇，例如瑞士出生後來移居法國的盧騷（Jean-Jacques Rousseau，一七一二～一七七八）的《懺悔錄》（*Confessiones*），例如德國歌德（Johann Wolfgang von Goethe，一七四九～一八三二）的《浮士德》（*Faust*）等等。

到了二十世紀，國人熟知的一些西洋文學，比如《湖濱散記》（作者美國人梭羅 Henry David Thoreau，一八一七～一八六二）、《美麗新世界》（作者英國人赫胥黎 Aldous Leonard Huxley，一八九四～一九六三）、《古拉格群島》（作者蘇俄人索忍尼辛 Александр Исаевич Солженицын，一九一八～二〇〇八），其實都是政治文學。歷屆諾貝爾文學獎得獎人的作品也大多寫的是廣義政治。

可惜，由於語文歧異形成阻隔，絕大多數國人同胞與我一樣，有幸閱讀的西洋文學佳作自是九牛之一毛。

特別談一談羅馬帝國皇帝瑪克斯・奧瑞利阿斯・安東耐諾斯（Marcus Aurelius Antoninus，一二一～一八〇）和他永垂不朽的大作《沉思錄》。

幾千年來帝王不計其數，由於帝王掌握了絕對權力，便就不免耍弄權威或耽於逸樂，能夠也喜愛藝文的，少之又少。如果身為帝王卻能仁民愛物，並且醉心心靈修為，又能形諸筆墨流傳後世，可謂鳳毛麟角；瑪克斯便是這樣一位帝王。

我閱讀民國四十八年梁實秋翻譯、列入協志工業叢書的版本。

梁實秋在介紹本書時說，《沉思錄》是古羅馬斯多噶派哲學最後一部重要典籍。斯多噶派哲學家認為只有物質的事物才是真實的存在，但也認為在物質的宇宙中遍存一種精神力量，主宰一切神聖原則，人的至善理想即是有意識的為了共同利益與天神合作，並且按照宇宙自然之道去生活。

梁實秋也記述《沉思錄》在過去二千年間時藏時現，可是後來幾乎世界主要語文都有譯本。

《沉思錄》有十二卷，瑪克斯的思想表現在一則一則的短文中。我抽取其中幾則，讓大家品味：

——向裡面看。不要忽略任何一件東西的特質或價值。

——當你的環境好像是強迫你煩惱不完的時候，趕快斂神反省，切勿不必要的停留在那不和諧的狀態之中，不斷返回到和諧狀態，你便可得到更大的控制力量。

——拋棄一切其他的東西，只把握住這些個罷，雖然只有這麼幾個；要記取，人的生命只是目前這麼一段時間；其餘的不是業已過去便是可能永不會來。人生實在渺小極了，他所生存的地方只是地上小小的一個角落，就是那垂諸久遠的身世之譽也是微末不足道，那只是靠一些可憐的人們輾轉傳述，他們自己也要很快地死去，他們未必能認識他們自己，更何況老早以前死去的人。

——把肉體翻轉過來，看一看是什麼樣子，到老的時候，病的時候，變成死屍的時候，它是個什麼樣子。

——讚美者與被讚美者，懷念者與被懷念者，都只能延續一個短短的時期，而且也只能生活在這世界中的一個小小的角落裡，兼且還不能和諧共處，甚至一個人和他自己也不能協調；整個世界也不過是一個點而已。

梁實秋說，瑪克斯其實在自省，在表現一種道德的熱誠，而不是要建立一套哲學體系。本人合理相信，柏拉圖所禮讚的「哲君」應該就是瑪克斯這種典範。

也許讀友要問：不是還有一本帝王著作《黃帝內經》嗎？

本人在二〇一六年研讀《黃帝內經》，讀的是中國首位《黃帝內經》博士後研究、北京中醫藥大學管理學院院長張其成所著《黃帝內經養生全解》。

《黃帝內經》分〈素問〉八十一篇、〈靈樞〉八十一篇。〈素問〉是黃帝和他的醫臣岐伯一問一答。〈靈樞〉講經絡、針灸、生命的樞紐、神氣的關鍵。

張其成說，黃帝距今五千年，那時還沒有文字。《黃帝內經》是後人把從黃帝開始一代一代流傳下來有關生命的思想彙集起來，大約在二千年前的戰國時代形成初胚，最後彙編成書是在西漢一代。

換句話說，其中〈素問〉篇的黃帝一問、岐伯一答，二者都是假藉，黃帝並沒有著書。

不可不也記述台灣作家的政治文學。

台灣開發較晚，文明昌盛是近百年的事。不過從吳濁流的《亞細亞的孤兒》、東方白的《浪淘沙》，到龍應台的《大江大海》、齊邦媛的《巨流河》，寫的都是民族悲情，或者戰火肆虐，或者顛沛流離。此外還有不少詩人抒發鄉愁、抗暴、家仇、國恨，也都頗有可觀。

本人相信，由於創作自由，由於國家多難，假以時日台灣文學一定會大發異彩。

最後，必須同時說一說的是，由於文學對人類心靈有無可倫比的穿透力，抗議文學作家淪為政權壓迫對象的故事變成文學史的另一篇章。

同胞熟知的蘇俄文學巨擘索忍尼辛是一個最鮮明的案例，他描寫政治黑獄的大作《古拉格群島》，不但在俄國不能出版，他還被迫流放美國。諾貝爾文學獎頒給他的時候，他無緣親自領獎。

與索忍尼辛的遭遇同樣悲慘的另一名蘇俄女詩人安娜·艾哈邁托娃（Anna Akhmatova）為了逃避政治迫害，她只能默記作品，然後把原稿燒毀。即使如此，她的家人跟著遭殃，被捕下獄。

中國的劉曉波（二〇一〇年獲諾貝爾和平獎）的故事與索忍尼辛同等辛酸，同樣得到諾貝爾文學獎（二〇一二）的莫言在中國形同被長期軟禁。二〇〇〇年獲得諾貝爾文學獎的高行健因人在法國幸得自由。秦始皇焚書坑儒惡名昭彰，兩千年後中共政權還引以為師，令人不解。

二戰前後，台灣某些異議作家的遭遇，同樣可歌可泣。柏楊下獄十年，出獄後已年邁。工人文學家楊逵，在日據時期就屢遭壓迫。不過日據後期，已講究法治，楊逵有一句讓人聽了鼻酸的名言，他說：日本人說我混蛋，抓了我十幾次，總共加起來關我九個月，國民政府說我很好，抓了我一次，關了十幾年。

爭取言論自由與出版自由在很多國家是一段漫長的奮鬥過程，淺見以為，我同胞應該慶幸，那個禁書、禁歌、禁方言的年代畢竟已成歷史。

淺見以為，如果沒有文學，人類的歷史不可能恆久保存。如果政治人物以文字讓他的同胞瞭解他的識見和意志，只要不是虛而不實或言不由衷，也是好事。至於一般文士，透過議論以改革政治，那是不必爭取公權力職位、僅憑文士學養就可影響政治的蹊徑。

【附註】

註①：邱吉爾（一八七四～一九六五）做過軍人、戰地記者、下議院議員，一九四〇年出任首相，領導英國打贏二戰。二戰後敗選，一九五一年再次出任首相，一九五五年下台，但仍任下議院議員到一九六四年。他一九五三年得到諾貝爾文學獎。

註②：〈為徐敬業討武曌檄〉全文如下：

偽臨朝武氏者，性非和順，地實寒微。昔充太宗下陳，曾以更衣入侍。洎乎晚節，穢亂春宮。潛隱先帝之私，陰圖後房之嬖。入門見嫉，蛾眉不肯讓人。掩袖工讒，狐媚偏能惑主。踐元后於翬翟，陷吾君於聚麀。加以虺蜴為心，豺狼成性。近狎邪僻，殘害忠良。殺姊屠兄，弒君鴆母。人神之所同嫉，天地之所不容。猶復包藏禍心，窺竊神器。君之愛子，幽在別宮。賊之宗盟，委以重任。嗚呼！霍子孟之不作，朱虛侯之已亡。鷰啄皇孫，知漢祚之將盡；龍漦帝后，識夏庭之遽衰。

敬業皇唐舊臣，公侯冢子。奉先君之成業，荷本朝之厚恩。宋微子之興悲，良有以也。袁君山之流涕，豈徒然哉！是用氣憤風雲，志安社稷，因天下之失望，順宇內之推心，爰舉義旗，以清妖孽。

南連百越，北盡三河。鐵騎成群，玉軸相接。海陵紅粟，倉儲之積靡窮。江浦黃旗，匡復之功何遠！班聲動而北風起，劍氣沖而南斗平。喑嗚則山嶽崩頹，叱吒則風雲變色。以此制敵，何敵不摧？以此圖功，何功不克？

公等或居漢地，或協周親，或膺重寄於話言，或受顧命於宣室。言猶在耳，忠豈忘心。

一抔之土未乾，六尺之孤何託？倘能轉禍為福，送往事居，共立勤王之勳，無廢大君之命，凡諸爵賞，同指山河。若其眷戀窮城，徘徊歧路，坐昧先機之兆，必貽後至之誅。請看今日之域中，竟是誰家之天下！

註③：中共建政後，對毛澤東展開造神運動，歌頌毛是「東方的太陽」、「偉大的鋼」，其要領是官方出版機構大量印製毛的論說，發放廣大幹部，動輒百萬本、千萬本。文化大革命時人手一冊《毛語錄》，據聞連地方政府也加入印製工作。

綜合各方記述，毛不貪污，但對官方出版機構致送的版稅欣然笑納，其數目頗為可觀。毛也樂得用這些版稅獎賞近侍或濟助忠勇。

【十九說】革命造反

革命造反是人類政治史的重要篇章。

中國五千年歷史，幾十個朝代更替，大抵都是因為有人革命造反的結果。

所謂「人無千日好，花無百日紅」，同樣的，朝代也不可能萬年長治久安。「皇帝絕對權力必然絕對腐化」（註①），腐化到一個程度，就會有人呼群保義，揭竿而起。腐化的政權弱不禁風，革命造反的人摧枯拉朽，亂軍開進京城，趕走或殺死舊皇族，一個嶄新的朝代就宣告創立了。

新政權開創伊始，常見一番施政新貌，但接收了前院和後宮的新朝皇帝其實概括承受了腐敗基因，過幾十年或幾百年之後，又走到了腐敗不堪的景況，新的革命造反者重演歷史，又見一個新的朝代粉墨登場。

只有古中國如此這般？不是。

在中南美洲，革命造反也是家常便飯。

一個名叫切．格瓦拉（一九二八～一九六七）中南美洲青年革命家的故事，在國際政治界廣為人知。

格瓦拉是一名阿根廷醫學院學生，他帶著一股熱情騎上機車遊歷拉丁美洲，旅途中看見到處一片帝國資本主義造成的社會不平等，乃立下了世界革命決心。

他在墨西哥結識了古巴人卡斯楚，加入卡斯楚的革命行列。一九五九年古巴革命成功後，他短暫任官，隨又加入剛果、玻利維亞的游擊戰爭。在玻利維亞，他年輕的生命走到終點，軍方逮捕後加以處決。

世界上有很多青年崇拜格瓦拉，甚至於稱他是「紅色羅賓漢」、「人間耶穌」。

《阿根廷，不要為我哭泣》是一部歌劇，但訴說的是阿根廷造反軍人貝龍夫妻的真實故事。類似的革命故事，在歐洲、非洲、亞洲，可說一籮筐。

不過革命的意涵，各有理解。孫中山當年革滿清的命，他解釋為「先破壞，後建設」。

中文「革命」二字，以古代王者受命於天，因為有人要稱王易姓、改朝換代，所以叫革命。英文「革命」revolution，解為民眾反抗政府以改變政治權力和政治組織。不過，革命樣態很多，並非皆以武力為後盾，所謂「不流血革命」是也。

一九九一年波羅的海國家以歌唱革命加速了蘇聯解體。

過去十年，在北非發生多國以群眾示威方式進行革命，推翻了不少不得民心的政權。

毛澤東高唱「革命無罪，造反有理」。但綜合諸多案例，可以很清楚的看出，革命雖然以改變現狀追求進步為號召，但革命並不一定就會帶來進步，有些國家不斷衰敗。

相對於政治革命，另有所謂社會革命、產業革命。社會革命是經由倡導和實作改變某一種社會制度或現象。產業革命是經由技術更新，尋求更高產量或產值。（註②）

談革命造反，也應談談學生運動。

一般學生運動大概都是大學生發起的大規模政治訴求運動。

大學生大約都在二十歲上下，那個年歲充滿熱情，對人間事情雖尚未洞曉，但已可把問題化繁為簡，因此很容易聚焦一點，高談理想。

民國八年發生在北京的五四運動，雖然有教授在背後指導，但基本上是學生運動。學生不滿政府竟然不能站穩一戰戰勝國立場，索回德國在山東的權益，所以蜂擁走上街頭遊行，高喊「外爭主權，內除國賊」，後來引起全國性罷課、罷工、罷市。最後代表團拒絕在「凡爾賽條約」上簽字。此一運動對後來中國政治的影響深遠。（註③）

民國七十九年，台灣發生野百合運動，學生聚集中正紀念堂，訴求「解散國民大會、廢除臨時條款、召開國是會議、訂定政經改革時間表」。其後，當任總統李登輝承諾召開國是會議，並連動其後諸多政治改革。（註④）

民國一〇三年三月，台灣發生太陽花運動。學生集結立法院內外，訴求不滿「海峽兩岸服務貿易協議」在立院遭強行審查通過。稍後並集結群眾遊行凱達格蘭大道。在當任立法院長王金平承諾制定「兩岸協議監督條例」後告一段落。（註⑤）

這些學生運動，在事發當時，公權力大都採敵視態度，但社會進步力量則採同情甚或支持立場。歷史的演變是運動要角日後常成為社會中堅，而當時的訴求也常變成後續政治的主流。

整體而言，革命在政治學界有很正面的評價。

比如十七世紀英國作家約翰・彌爾頓（John Milton），他相信革命具有幫助社會實現潛力的能力。

比如十八世紀德國哲學家伊曼努爾・康德（Immanuel Kant），他認定革命是推動人類進步的力量。

比如十九世紀德國哲學家黑格爾（G. W. F. Hegel），他認為革命是人類命運進步的實現。

不過根據史實，慷慨激昂的革命事業有些革命成功，更多革命被壓制，並且以革命造反者被殺頭了結。

淺見以為：反抗暴政可歌可泣，但如果革命造反是為了權位爭奪，並不足取；因為革命造反，難免一番殺戮，得利的是革命造反者，立即受害的是無辜百姓。

基於同樣道理，鍥而不捨的社會革命或產業革命或遊行示威，反而比較合乎人道和天道。

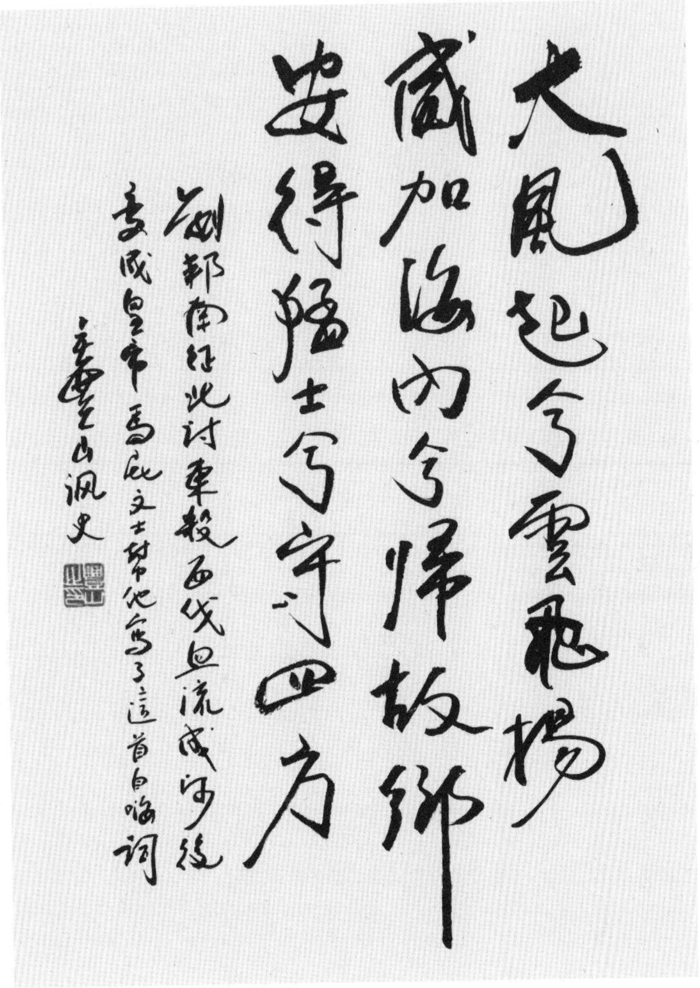
大風起兮雲飛揚
威加海內兮歸故鄉
安得猛士兮守四方

【附註】

註①：英國艾克頓勳爵（一八三四～一九〇二）名言，原文 All power tends to corrupt, and absolute power corrupts absolutely.

註②：第一次產業革命約於一七六〇年代興起，主要內涵是機器取代人力、畜力、風力、水力導致大規模生產，發源地是英格蘭。

第一次產業革命之後，科學日新月異，產業革命接二連三。

產業革命的影響不止及於產業，都市化、勞資關係乃至於社會體制都連帶遭受巨大衝擊。

註③：五四運動影響深遠，特扼要摘錄維基百科記述如下：

五四運動，是中國近代史上的一次學生運動。一九一九年五月四日，北京的學生遊行示威，抗議巴黎和會上有關山東問題的決議，敦促當時的北洋政府不可簽約，要求懲處相關官員。事情的緣由是，中國作為第一次世界大戰的戰勝國，本期望「公理戰勝強權」，能收回戰敗國德國在山東的權益，但參會各國決定把權益轉讓給日本，中國民眾很長一段時間以來積蓄的民族情緒爆發，學生高喊「外爭主權，內除國賊」，上街遊行，並發展到火燒趙家樓、痛打章宗祥。「五四運動」這個概念一般還包括五月四日後一系列的全國性遊行示威、罷課、罷市、罷工等事件，包括工商界參與的六三運動，導致曹汝霖、章宗祥、陸宗輿等親日派官員被免職，最後中國代表團六月二十八日拒絕在「凡爾賽條約」上簽字。

關於「五四運動」跟一九一五年開始的新文化運動的關係有不同看法，一種意見認為二者基本是一個運動的兩個階段，可以統稱為廣義的「五四運動」，或者「五四新文化運動」；另外一些意見認為二者有聯繫但應該區分開：自由主義者認為一個是文化運動，一個是政治運動；或者一個是啟蒙，一個是救亡；蔣介石認為一個是崇洋媚外，一個是愛國運動；中國共產黨領導人毛澤東認為一個是舊民主主義，是資產階級領導的，一個是新民主主義的開始，無產階級開始參與，並在此後成為領導。

五四運動是一場學生和知識分子發動的政治運動，基本達成既定目標，極大地激發了學生的思想和政治熱情。五四運動本身得益於此前新文化運動對學生思想和組織的預備，又反過來幫助新文化運動進一步推廣，但也導致了新文化運動的分化。新文化運動的倡導者中，陳獨秀、李大釗等一大批人積極投入政治活動，胡適等少數人繼續堅持非政治化的文化運動。非政治化的新文化運動廣度擴大了，深度卻停滯了，許多政治思想則被引入。五四激發的一系列政治事件削弱了北洋政府統治。青年人積極參加政治活動，助成了北伐，但國民黨掌權以後自身也被學生運動所困擾。在外來政治思潮的湧入中，馬克思主義開始進入中國，並迅速擴大影響，一九二一年中國共產黨成立，許多五四運動的參與者成為共產黨領袖。五四運動大大地影響了中國近代史的進程。

註④：野百合學運影響了其後十餘年的台灣政治，特扼要摘錄維基百科記述如下：

從一九八〇年代末期開始，民主化就歷經劇烈的變動。台灣經過解嚴、解除報禁和黨禁後，民間活力四起、各種社會運動蓬勃發展。台灣各地瀰漫著一種騷動隨時而出、不安於世的氛圍。這股澎湃、新生的風潮，自然而然地也漫延到校園內，使校園成為聚積社會能量的一個重要場域。

雖然在一九八七年當任總統蔣經國結束台灣戒嚴，儘管社會經濟蓬勃發展，政治改革卻似乎永遠追不上民眾的要求，即使一九八八年蔣經國去世，李登輝繼任總統後，改革工作仍然保持慢速。一九九〇年，是第八屆中華民國總統選舉的年份，當年二月，中國國民黨提名李登輝、李元簇為第八屆正副總統候選人，由於國民黨內部對李登輝採用之副總統人選及決策方式有所歧見，國民黨領導階層爆發嚴重之權力鬥爭，形成所謂「主流派」（支持李登輝）與「非主流派」（反對李登輝）之爭。非主流派企圖推出林洋港、蔣緯國參選，但因林洋港拒絕接受連署而破局。而這兩派之爭又牽涉敏感的「省籍問題」，史稱「二月政爭」。就在同年三月十三日，政府遷台四十年來從來未曾全面改選過的國民大會自行通過「臨時條款修正案」，將一九八六年所選出的增額代表任期延長為九年，創下國會議員自行通過延長任期的惡例，在當時被嘲諷為「山中傳奇」。

在這種情況下，各界對國大代表一連串擴權牟利的行為，不但開始感到不耐，同時也開始展開抗議，「罷課、罷稅、抗稅」的呼聲四起。後來由於民主進步黨主席及國大代表赴總統府請願遭抬離，而有升高抗爭強度的趨勢。一九九〇年三月十六日，九名國立臺灣大學學生到中正紀念堂前靜坐抗議，拉出寫著「我們怎能再容忍七百個皇帝的壓榨」的白布條，為野百合學運揭開了序幕。

三月十八日，廣場的靜坐運動已快速發展成全國性的學運份子串連活動，參與靜坐示威的大學生已達數千人。當天下午，甫成立的民進黨發起造勢大會，動員數萬群眾在廣場大門旁邊進行演說，主軸在於聲討國大。廣場之學生，表現出超齡的政治運作，以和平理性態度擴大靜坐的參與，依共同討論來形成決策共識，發表《廣場通訊》與社會進行對話，並進行自我教育與組織的工作。靜坐廣場與圍觀聲援的民眾間以繩索區隔，在廣場決策委員會表示要以「自主、隔離、和平、秩序」的四大原則來進行廣場抗爭時，野百合學運已用自主的邏輯宣示了學運成為獨立自主的社會力之一。

也是在這一天，在由學運團體所組成的校際會議上，學生們正式發表了野百合學運的四大訴求：

1. 解散國民大會。
2. 在第八任總統就職前，國是會議必須由各階層、各黨派的代表公平組成，必須討論中止動員戡亂時期、廢除臨時條款、國會全面改選，並訂定政經改革時間表。
3. 全體在廣場上的學生於李總統明確同意以上兩項要求，即結束靜坐活動，學生將對國政大事的發展繼續保持高度關切。若李總統不能對上述要求作肯定的答覆，我們將堅持原則、持續抗爭。
4. 為了確保上述主張得以落實，我們將即刻組成校際聯合組織，持續監督國是會議，必要時並隨時號召全國學生再度組織動員，在台灣未能完全徹底民主化之前，我們絕不停止奮鬥。

學生代表在與李登輝會面後回到廣場。廣場上的學生在看過雙方會面的錄影帶後，進行分校討論，以決定是否要結束這次抗爭。最後，校際會議以二二：一的壓倒性投票數，決議於二十二日早上宣布撤離中正紀念堂廣場。

註⑤：太陽花學運對兩岸關係以及台灣內政產生衝擊，扼要摘錄維基百科記述如下：

太陽花學運，又被稱作三一八學運、佔領國會事件，是指在二〇一四年三月十八日至四月十日期間，由台灣的大學學生與公民團體共同發起的社會運動。這次運動由抗議學生主導，佔領位在台北市的立法院，還曾一度嘗試佔領鄰近立法院的行政院。該運動爆發的主要原因在於「海峽兩岸服務貿易協議」遭強行通過審查，而該協議被反對者視為將損害自身經濟，並且強化中華人民共和國的政治影響力。其他參與運動理由還包括要求民主程序、反對自由貿易等。

在三月十七日的立法院聯席會議上，中國國民黨籍立法委員張慶忠宣布「海峽兩岸服務貿易協議」的審查超過九十天，依法視為已經審查，強送交立法院院會存查。此舉引發部分公眾的不滿。三月十八日晚上九時，反對「海峽兩岸服務貿易協議」的學生、群眾、公民團體，突然佔領立法院議場，並用座椅封鎖門口。隨後在立法院議場內的成員建立行動決策核心，展開大量的組織分工合作，在立法院外則有大量支持者聲援。

三月二十三日上午，當任總統馬英九針對學生運動發表談話。同日晚間，抗議群眾試圖轉而佔領行政院，隔日便遭警方強制驅離。在與總統府的會面破局後，學生在三月三十日於凱達格蘭大道發起反服貿遊行，並有數十萬名民眾參與。但與此同時，反對學運佔據立法院、支持「海峽兩岸服務貿易協議」等訴求之群眾與社會運動團體，則是發起返還國會運動。到了四月六日，立法院院長王金平提出制定「兩岸協議監督條例」的承諾。最終在四月十日，抗議學生與民眾退出議場，一共佔領議場五八五個小時。

太陽花學運是台灣從一九八〇年代以來最大規模的「公民不服從」行動，也是立法院首次遭到民眾佔領。在運動結束後，該運動仍然持續影響著台灣社會，包括推動台灣公民積極參與政治、國民黨在二〇一四年九合一選舉和二〇一六年正副總統及立委選舉的落敗，以及「第三勢力」政黨的出現等。

【二十說】戰爭與和平

本人接觸過的國內外文學作品，有記述戰爭英雄的傳記，但沒有人歌頌戰爭，只有禮讚和平，可是戰爭與和平不斷交替，卻是有史以來人類社會的常態。

維基百科有一個數字，說從西元前三千五百年到二十世紀末，已有一四五〇〇場戰爭，造成三十五億人死亡。三十五億這個數字後來有人修正為十二億。不管三十五億或十二億，其實都是天文數目，都足以令人怵目驚心。

蘇俄文豪托爾斯泰著《戰爭與和平》一書（註①），其中男歡女愛係出於杜撰，但戰爭寫的是拿破崙東征，是歷史事實。

拿破崙東征是陸戰，那場戰爭沒有空戰和海戰，而且戰爭武器只有步槍和火砲，但已使戰爭所經之地血流成河、斷垣殘壁。因此悲憫為懷的托爾斯泰，直斥戰爭的禍首只是由於世人懦弱，姑息臭小子拿破崙。

仔細檢查戰爭，大分可為三類：一是有些國家發動擴張侵略戰爭，二是有些國家迫於不得已起而反抗侵略，三是政治人物發動奪權內戰。

其實，參與戰爭的雖是軍人，但戰爭大都由政治人發動。被稱為「西方兵聖」的克勞塞維茲，在他的名著《戰爭論》中就明言「戰爭是政治的延續」。（註②）一批科學家在政治人物驅使下，研發戰爭武器，原子彈和化學戰已在二戰時成為驚人武器。據統計，現在擁有核子武器的國家加總起來，已有超過一萬顆原子彈頭，一旦發生核子戰爭，足以毀滅全人類。（註③）

不過假如一口咬定「戰爭大部分由政治人發動」，這句話其實並不周延。

二戰結束後，盟軍太平洋戰區統帥麥克阿瑟（Douglas MacArthur，一八八〇～一九六四）負責短暫管轄敗戰國日本。一九五〇年韓戰爆發，麥克阿瑟「將在外，君命有所不受」，他指揮聯合國軍登陸韓國仁川，然後跨越三十八度線攻入北韓，引發中共武力介入。戰況膠著時段，麥帥公然反對華盛頓和緩政策，甚至於主張對中共使用原子彈。一九五一年四月十一日杜魯門總統下令撤職。

麥帥英雄返國，紐約歡迎人潮萬人空巷，杜魯門一時被批評得甚為不堪。但麥帥與杜魯門都升天後，歷史學家給予杜魯門「勇於任事，阻止戰爭」的高評價。

孫子（註④）被普遍認定為傑出的戰爭學家，但他的《孫子兵法》最被推崇的兩句話，一是：「上兵伐謀、其次伐交、其次伐兵、其下攻城。」

用白話解釋，他認為：假如準備以武力解決紛爭，上策應該是窮盡智慧，謀劃出非武力方案以化解紛爭；中策應該是透過談判折衝；真的大動干戈是下策；如果還要奪人城

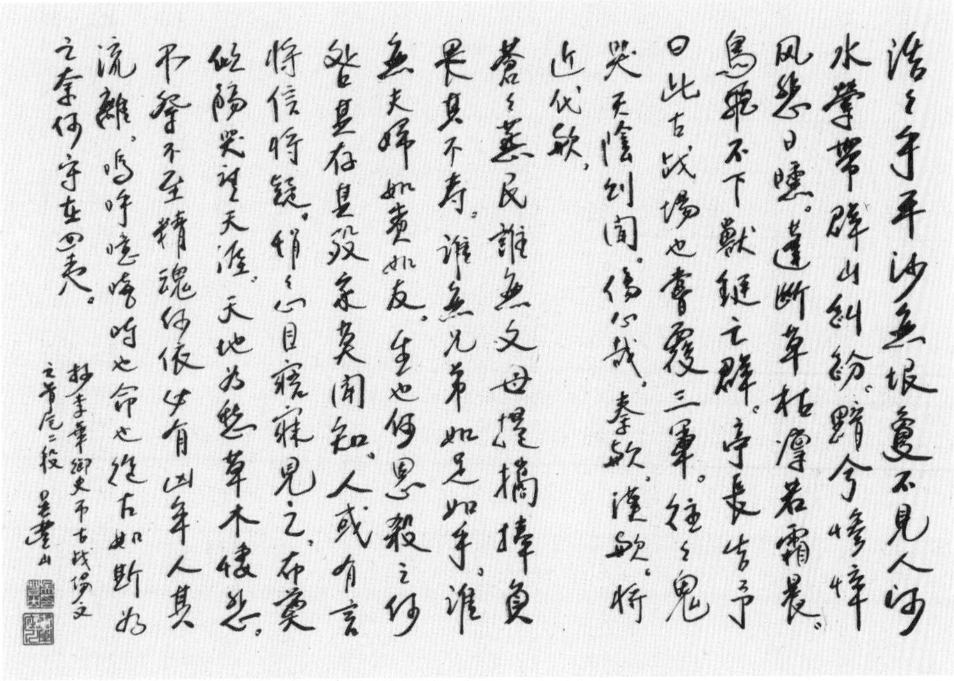
浩浩乎平沙無垠，夐不見人。河水縈帶，群山糾紛。黯兮慘悴，風悲日曛。蓬斷草枯，凜若霜晨。鳥飛不下，獸鋌亡群。亭長告予曰：此古戰場也，嘗覆三軍。往往鬼哭，天陰則聞。傷心哉，秦歟漢歟，將近代歟，
蒼蒼蒸民，誰無父母，提攜捧負，畏其不壽。誰無兄弟，如足如手，誰無夫婦，如賓如友。生也何恩，殺之何咎，其存其歿，家莫聞知。人或有言，將信將疑。悁悁心目，寢寐見之。布奠傾觴，哭望天涯。天地為愁，草木淒悲。弔祭不至，精魂何依，必有凶年，人其流離。嗚呼噫嘻，時耶命耶，從古如斯，為之奈何，守在四夷。
抄李華御史弔古戰場文之首尾二段 吳豐山

池，趕盡殺絕，那便是下下之策了。

孫子的第二句話是：「勿恃敵之不來，恃我有以待之。」也就是說，孫子認為備戰的目的應該是為了避戰。您說杜魯門和麥克阿瑟誰對誰錯？

我讀《三國演義》，發現那時候分據各地的軍閥幾乎連年征戰。老百姓好像只為了軍閥徵稅、徵兵、徵糧的需要而存在。打仗的時候，將校騎馬，阿兵哥拖著沉重兵器辛苦步行。到了兩軍交戰，將校常常下令「退一步者殺無赦」，其結果是刀箭穿腸破肚，十兵九死。歷代文學家寫了很多反抗戰爭的詩詞，光看那些詩詞就足以令人欲哭無淚，何必親眼看到前線馬革裹屍，後方妻離子散！

一戰後，政治家有國際聯盟的倡設，後來的歷史發展證明無三小路用。二戰後，政治家有「聯合國」的倡設，世界有一百九十三個國家是會員，但七十幾年來還是戰爭不斷。諾貝爾獎項中有「和平獎」，表彰對和平大業有貢獻的人士。世界上有幾個大學開設了「和平學」，研究人類如何避免暴力衝突。在地表上不少地方有「和平紀念碑」，除此之外還有「國際和平日」。

凡此種種都呈現出人類渴望和平。

令人不解的是，明明戰爭沒有贏家，卻為什麼有史以來戰爭不斷？為什麼作為萬物之靈的人類不能運用智慧創造人類永久和平？

瑞典有一個智庫，叫做「斯德哥爾摩國際永久和平研究所」（SIPRI），二〇二二年發表的統計數字說，那一年全球軍武支出高達二點二四兆美元，折合新台幣六十八點六五兆。支出前十名是美、俄、中、英、法、德、印度、沙烏地阿拉伯、南韓、日本。

國家防禦有其必要，侵略他國卻罪大惡極，那麼假如大家減少一半軍武支出，拿多餘的那一半去做互通有無、互利互惠、共存共榮、四海一家的偉大人類博愛工程，如何？

羅馬帝國而今安在？兩千多年前，羅馬帝國千軍萬馬橫掃歐亞非三洲；假如征伐戰爭可以贏得一切，羅馬帝國不會滅亡。

大英國協曾經自誇日不落國，而今安在？大英帝國擅長利益掛帥，可是假如利益不斷衝突，大英國協就必然像今天一樣只剩空殼。

蘇聯曾經一度號令半個世界，今天不只共產主義國家一個個消失，連蘇聯本身也已解體。

二戰後美國稱霸全球，幾十年下來鉅額軍武支出和不斷征戰的耗費，已使國債高築到達臨界點，國力開始走向下坡路。

過去三十幾年，中華人民共和國「大國崛起」，外匯存底以數兆美元計，可是自從一改「韜光養晦」政策，遂行全球「戰狼外交」之後，內部產生的各種困境已逐一浮現。誓言民族偉大復興誠然可歌可泣，一旦走上稱霸道路，其後效會如何，歷史的教訓其實非常清楚。

我說這些話，也許一點兒用處也沒有。不過，我仍白紙黑字，立此存照，將來也許會有世界超級政治家發現二〇二三年台灣吳某某曾經作此吶喊。

我還要多說一句逆耳忠言：

相對於宇宙浩瀚、歲月悠悠，人類相形渺小。淺見以為，「人類是萬物之靈」這句話最精要之處，正在於人類雖然出類拔萃，但自知渺小；因為自知渺小，所以相親相愛、相互體貼、相濡以沫就成為人類最寶貴的情操；捨此不由，反而逆向行事，試問：何異禽獸？

淺見以為：雖然人類永久和平幾近夢想，但人類因為夢想而偉大；作為知識分子，只要一口氣還在，就應該不斷譴責窮兵黷武的政客和國家。

【附註】

註①：托爾斯泰（Connt Lev Nikolayevich Tolstoy，一八二八～一九一〇）是蘇俄大文豪，世界文壇尊稱為托翁。

註②：克勞塞維茲（Carl Philipp Gottfried von Clausewitz，一七八〇～一八三一）是普魯士名將，軍事理論家。

克氏乃貴族子弟，十二歲就參加普魯士軍隊，十三歲就首次上戰場。歷經各場戰爭以及多項幕僚職務磨練後於一八一八年出任柏林軍官學校校長。

在十二年軍官學校校長任上，他深入研究戰爭。克氏過世後，其遺孀整理出版了《克勞塞維茲將軍遺著》，全書十卷，前三卷為戰爭論，後七卷為戰史戰例。一般認定克氏大作對西方軍隊的組成以及戰略戰術的運用，發生很大影響。

註③：二〇二三年，全球有八個國家擁有核彈頭，其中蘇俄五九七七顆、美國五四二八顆、中國三五〇顆、法國二九〇顆、英國二二五顆、巴基斯坦一六五顆、印度一六〇顆、以色列九〇顆、北韓二〇顆。

二〇一〇年美俄曾簽署「新削減戰略武器條約」明定部署核彈頭、洲際彈道飛彈、潛艦部署以及發射工具數量。

二〇二二年二月二十一日，蘇俄以美國支援烏克蘭、俄國生存受到威脅為由，宣布暫停參與上項條約。

註④：孫子名孫武，字長卿。約生於西元前五三五年，卒年不詳，是春秋戰國時代的齊國人，將門之後。

史料記載，孫子二十幾歲的時候，因不堪齊國戰亂頻仍，便離開故鄉，南下吳國，務農為業，在那裡寫成《孫子兵法》初稿。後來因伍子胥推薦進入吳王幕府，用他寫的兵法打了兩次勝仗。可是伍子胥後來與吳王反目，孫武也就退隱江湖。退隱後修訂原稿，成為後來的正本。

《孫子兵法》共十三篇，先後為：始計、作戰、謀攻、軍形、兵勢、虛實、軍爭、九變、行軍、地形、九地、火攻、用間。

【二十一說】兩岸政治糾葛

兩岸政治糾葛始於一九四九年毛澤東建政北京、蔣中正敗遷台北。

在此之前，滿清政權統治台灣二百十三年，兩岸一國；然後日本殖民台灣五十一年，兩岸兩國；兩岸之間相安無事。

一九四七年台灣發生二二八事變，中國共產黨的黨報撰寫社論支持台灣獨立。那時候共軍還未開進北京。本人合理推斷，中共中央大概是認為朝鮮和台灣同為日本殖民地，二戰期間朝鮮在華從事朝鮮獨立運動志士曾經得到中國支援，那麼讓台灣獨立，同一思考邏輯。

可是一九四九年事情不一樣了，敗遷台北的國民政府高呼「殺朱拔毛」、「反攻大陸」的口號，中共政權不但通緝「蔣匪介石」，而且宣誓「解放台灣」。

從一九四九年至今七十幾年過去了，歷任中共領導人雖然說詞不一，但所謂統一的政策始終未變。台灣歷任領導人也說詞不一，但確保兩岸分立分治的政策從未改變。

本人把中共對台灣的政策說詞以及台灣歷任領導人對付中共的政策說詞，作為註解詳列

於後，讓大家瞭解變與不變的細節。（註①）

中共建政前期，毛澤東的諸多敗政把中國搞得天翻地覆、民不聊生，直到鄧小平當家後開放改革，情勢才為之一變。近三十幾年，中共在經濟、軍武上「大國崛起」，但共產黨一黨專政依舊，民主、自由、人權，門都沒有！

在海峽這岸，經由持續不斷的推動經貿發展，今天台灣的經濟力比 G20 中的很多國家都還耀眼。更難能可貴的是，經由不斷衝撞，民主、自由、人權已成為台灣人民的家常便飯，連中國人不敢想像的政黨輪替也在台灣體現，而且到了二〇一六年已經第三次政黨輪替。

使得兩岸政治糾葛變得更複雜的是國際均勢變幻。

在國共內戰時期，共產黨背後是蘇聯，國民黨背後是美國。國民黨在內戰中失敗後，美國拋棄了國民黨，但不旋踵東西陣營冷戰出現，美國重新卵翼在台灣的國民黨政權。到了一九七八年，美國為了想聯中抗俄，一夜之間與在台灣的中華民國斷交，與中共建交，另以「台灣關係法」維護第一島鏈以及美國在台灣的利益。

可是到了二〇一六年，美國新上任的川普總統認定美中終須爭霸，於是政策隨之一轉。美中火熱抗衡，美國國會推動高姿態挺台。世人都知道，美國一直希望兩岸對話以避免把美國捲入戰爭，但世人不一定知道，美國私底下警示台灣，兩岸對話不可對出統一的結果。

美國明暗兩手策略，中共當然心知肚明。至於對台灣多數民意排斥所謂統一，中共當局當然也一清二楚。

目前兩岸政府各有堅持，中共堅持「台灣自古以來即為中國領土」，「追求中國統一是兩岸全體中國人的歷史使命」，「中共堅持和平統一，但假如外力干涉或台灣走向獨立，不排除武力統一」。

這三句話其實都可以爭論一番。

說「台灣自古以來即為中國領土」，其實一六二四年荷蘭人想要落腳澎湖的時候，明朝地方大員告訴荷蘭人：澎湖是中國領土，你們不可在此逗留，由此東去幾十哩的台員（台灣），如果你們落腳那裡，我們不與計較。可見明朝官員不認為台灣是中國領土。

到了一六六二年，在福建被滿清政府打敗的鄭成功率軍來台打敗了荷蘭人，建立東寧王國，聲言反攻大陸、反清復明，後來被判降滿清的海軍將領施琅打敗。那個時候滿清政府認為消滅了鄭家軍，事情已了。還說台灣島鳥不語、花不香、男無情、女無義，棄之不足惜。史書記載，是施琅力言台灣乃邊防重鎮，而且普天之下莫非王土，滿清政府才改弦更張，這是康熙二十三年、西元一六八三年的事。滿清政府其後管治台灣二百十三年，可是中日甲午戰敗，一紙「馬關條約」便把台灣割讓給日本了。二戰後國民政府依聯軍統帥麥克阿瑟之命接管台灣。

如果中共主張的依據是中華民國繼承滿清、中華人民共和國繼承中華民國，然則，事實是中華民國今天仍存在台灣。

如果中共不理會八十幾年來諸多牽涉台灣主權的國際和約或宣言，其實今天台灣人「實際佔有、有效管治」也是「國際公法」認可的主權意涵。

當然，如果中共都不理會以上狀況，那就變成「實力」問題；一方說什麼，另一方說什麼，也就都沒有什麼意義了。

說「追求中國統一是兩岸全體中國人的歷史使命」這句話，台灣的統派人士認同，台派人士認為純屬中共一廂情願。

說「中共堅持和平統一，但假如外力干涉或台灣走向獨立，不排除武力統一」，其中「台灣走向獨立」這句話，兩岸的認知更加分歧。

中共認為中華民國早已消滅，而且打壓仍存在台灣的中華民國，這是舉世皆知的事實。近幾年來，中共堅持台灣必須承認有「九二共識」。（註②）但「九二共識」原本重點在於「各表一中」。中共幾番解釋後，今天中共口中的「九二共識」已經變成「兩岸都主張只有一個中國，中華人民共和國是中國唯一合法代表，台灣是中國的一部分。」也就是說，在中共的「九二共識」中，台灣是「中國台灣」，一如「中國香港」、「中國澳門」；凡是不接受這個見解的都算台獨。

說得更露骨一點，美國在一九七九年與中華人民共和國建交後，就把台灣當作一個「政治實體」，而且迄今不挑戰中共「一個中國」的底線。在中美這種恐怖平衡下，中共現在可以接受中華民國台灣為「中國台灣」，但仍以統一為終極政策。中華民國台灣幾十年來盡力維繫一些邦交國，是維護中華民國台灣作為一個主權國家的奮鬥，可是中共也把它理解為華式台獨。

我曾經思考：如果我們明告北京，說「一個中國」就是您「中華人民共和國」，我們不再使用「中華民國」這個國號以免混淆。

然後，我們自稱台灣，主權圓滿，國格完整，永久中立；兩岸之間，你兄我弟，互利互惠，共存共榮，這樣可好？

我判斷，中共大概還是會呲牙裂嘴拒斥一番。

總而言之，不管台灣如何自我節制，如何委曲求全，如何表達善意，不管世界各國如何強調維護台海和平，大概都不能期望中共鬆口武力統一的選項。在這種無奈情況下，除了甘作中共子民或者備戰以止戰外，誰要是能夠提出第三個可行方案，必有資格獲得諾貝爾獎。

兩岸問題一時無解，正進行爭霸的美中兩國緊張關係逐日加大。

過去一段時間，美國一方面透過軍政要員的嘴巴說二〇二幾年中共會攻台（註③），一方面糾合友美各國力挺台灣。堅持台灣主體意識的同胞對此心存謝忱，另有部分同胞質疑美國要把台灣變成烏克蘭。

事實是，台灣內部對兩岸終局的見解一直呈現分裂狀態。

台灣基本上是一個移民島。今天二千三百萬同胞的絕大部分都是外來移民，但由於先來後到，對祖鄉的感情有很大差別。有一些人仍想落葉歸根，更多人早已落地生根。又因為現行憲法係當年蔣中正從中國大陸隨身帶來，其中明確呈現大中國意涵，即使後來在台灣多次修憲，仍寫明「為因應國家統一前之需要」，因此期望以統一為終局的同胞，振振有詞。相反地，認同兩岸已因長期分立分治衍生出完全不同政經體制的同胞，當然視共產中國的統一主張為併吞，並且誓言抵抗。

曾經擔任美國在台協會理事主席的卜睿哲（Richard C. Bush）於二〇二一年發表三十萬字的大作──《艱難的抉擇》。這位對兩岸糾葛著力甚多的美國人坦言：「台灣的政治領袖應共同制定一套連貫的政策，以因應兩岸關係的所有挑戰。」卜睿哲沒有說的是：「您們台灣內部假如自亂陣腳，誰幫得了您們？」

長時間以來，本人不管演講或寫作或參與廟議，一貫主張政黨於競爭之外也應合作；蓋因台灣的政黨理當效忠同一國家。

可是好像沒有多少政黨人物聽得進這句話。二〇二三年三月底，前總統馬英九回湖南祭祖。如果是正常成熟的政黨政治，我們看到的應該是馬前總統行前去向現任總統蔡英文報告，蔡總統祝他一路順風，也請他得便告訴中共：台灣希望兩岸政府為兩岸和平多多對話，共同努力。可惜我們看到的是相反的畫面。

卜睿哲不是我們的同胞，也許正因為他旁觀者清，所以能夠一針見血。

本人現在完全看不出國內各政黨偉大的政治家們哪一天能夠透徹何謂同舟一命，何謂命運共同體。不過本人看得出，一個分裂的國家絕對跨不出穩健的步伐！

我抄寫本人在二〇二二年發表的《紅塵實錄》一書中最後一章最後一節最後一段話，作為本文結尾：

——美國基於維繫超霸地位，不可能不罩護位處第一島鏈的台灣，美國國會尤其對保有既存「勢力範圍」念茲在茲，但拜登政府顯然不挑戰北京的一中底線。

——中國基於封建政治思維，不可能輕言放棄所謂台灣主權，但她自己內部問題一籮筐；擾台容易，吞台很難。

——美國在國際社會雖然樹敵很多，但畢竟武功高強，又是民主政體。中共在國際社會雖然力圖擴張，但在美國糾合下，一大股反中氛圍不斷升高；這當中包括關注台灣的生存。

——台灣雖小，但綜合國力不容小覷，只要台灣不斷自我提升民主品質、不斷繁榮經貿，並且厚植防禦實力，同時不讓社會割裂走向決裂，台灣仍可繼續屹立不搖。

——然後，等到有一天，對岸出現一流政治家，充分體認霸凌台灣不合天道；台灣也出現頂天立地的一流政治家，其德望足以凝聚全民意志，其兩岸見解一以貫之，又能以其卓絕智慧和外交能耐，掌握台灣的國家之舟，那時候台灣才可望堂堂航向大洋。

【附註】

註①：——蔣中正從一九五〇年到一九七五年統治台灣。來台之後的前幾年，他誓言「殺朱拔毛、反攻大陸」。韓戰爆發後，美國開始協防台灣，並密議台灣不能以武力處理兩岸問題，於是在美國壓力下，「反攻大陸」變成「反共復國」和「反共抗俄」。這期間除了發生「八二三」金門砲戰外，兩岸其實相應不理，相安無事。

——一九七五年蔣中正過世。在嚴家淦短暫過渡後，蔣經國繼任總統。事實上蔣經國從一九七二年出任行政院長便掌握國政全權。迄一九八八年過世為止，他的兩岸政策，前期是「不談判、不接觸、不妥協」，後期是「三民主義統一中國」。

——李登輝接任總統後到一九九六年全民直選之前，為了安撫國民黨內統派勢力，他組織「國家統一委員會」，制定「國家統一綱領」，一九九二年還制定了「兩岸人民關係條例」。一九九三年我方海基會辜振甫與對岸海協會汪道涵在新加坡「辜汪會」，簽訂了幾項事務性協議。

全民直選贏得大位後，一九九七年李登輝透過外國媒體向國際宣示「台灣（中華民國）是一個主權獨立國家」，政府部門也開始調整國家名稱的表述方式為「中華民國台灣」。一九九九年，李登輝接受「德國之音」訪問，明確提出「已將兩岸關係定位在國家與國家，至少是特殊國與國關係」。（李登輝卸任後不久，國民黨把他開除。他的信眾後來成立「台灣團結聯盟」，初期當選了多名立委，後來式微。）

—二〇〇〇年台灣首次政黨輪替，民進黨人陳水扁取得政權。

在此之前，一九八六年民進黨建黨，以「住民自決」為基本主張。一九九一年通過台灣獨立黨綱，主張「建立主權獨立自主的台灣共和國」。一九九九年通過「台灣前途決議文」，強調「維持獨立現狀」，「現在的國名為中華民國」，「改變現狀必須公民投票」。不過，陳水扁就職演說卻強調「四不一沒有」，說「只要中共無意對台動武，本人保證在任期之內，不會宣布獨立，不會更改國號，不會推動兩國論入憲，不會推動改變現狀的統獨公投，也沒有廢除國統綱領與國統會的問題。」

二〇〇〇年十二月卅一日陳水扁利用跨世紀談話提出兩岸統合論，但不旋踵即因中共冷嘲熱諷，回歸「一邊一國」。不久後卻又公開說「台獨辦不到就是辦不到」。執政末期曾推動「以台灣名義加入聯合國」，並「中止」了國統會和國統綱領。（陳水扁卸任不久即因涉金錢弊案入獄六年。保外就醫後，他的信眾成立「一邊一國行動黨」，但選後立即消失。）

—二〇〇八年台灣第二次政黨輪替，國民黨人馬英九當選總統，政府重新主張「一個中國就是中華民國」。聲言「不統、不獨、不武」，涉外政策為「親美、友日、和中」。兩岸以「求同存異」為基調，二〇一〇年兩岸簽訂了ＥＣＦＡ（兩岸經濟合作架構協議），二〇一五年馬英九與習近平在新加坡舉行「馬習會」。（馬英九卸任後，重新註解「不統」為「不排斥統一」。）

—二〇一六年台灣第三次政黨輪替，民進黨人蔡英文當選總統。蔡英文在就職演說中強調「新政府會依據中華民國憲法、兩岸人民關係條例及其他相關法律，來處理兩岸事務」。但不再承認所謂「九二共識」，兩岸關係於是急轉直下，不止陸客縮減，其後還陸續奪走七個邦交國。

—二〇一九年一月二日，習近平發表「習五條」，倡言兩岸應在一中原則下會商「兩制台灣方案」。蔡英文強力反擊，國民黨也明言不接受「一國兩制」。二〇一九年底，立法院制定「反滲透法」。二〇二〇年蔡英文高票連任。

瞭解我方的兩岸政策變幻，也必須同時瞭解對岸的兩岸政策流變：

—一九四七年三月八日，也就是台灣發生二二八事變後的第八日，還未打入北京城的中共《解放軍報》，以社論支持台灣獨立。

—一九四九年，已在北京開國的中共針對重新在台灣立足的蔣中正政府聲言「消滅蔣匪、解放台灣」。

—一九五五年十一月，中共總理周恩來聲言解決台灣問題有戰爭方式與和平方式。說中國人民在可能的條件下，將爭取和平方式解決問題。

—一九七九年，中共人代會發表「告台灣同胞書」，宣告「和平解決台灣問題的大政方針」，說希望結束軍事對峙進行和談，並表示將尊重台灣現狀及台灣各界人士意見，採取合情合理的政策和辦法。

——一九八一年，人代會委員長葉劍英發表解決台灣問題新方針，表示：「統一後，台灣可以作為特別行政區，享有高度自治權。」

——一九八二年，中共頭目鄧小平首度提出「一國兩制」，說：「國家主體實行社會主義制度，台灣實行資本主義制度。」

——一九八三年，鄧小平進一步提出「台灣特別行政區」政策。

從一九五〇年到二〇〇〇年，中共的內政從建政前期的三反五反、大躍進、人民公社、文化大革命的敗德敗政脫身，走向改革開放，建設突飛猛進。在外交上從兩極冷戰對峙，改為聯美抗俄，取得聯合國代表權，並開始積極向外擴張。在台灣這方，從身處西方陣營、到退出聯合國、到台美斷交，邦交國逐一斷交到剩下二十幾國。二〇二三年剩下十三國。但在內政上，經濟建設有成，民主政治逐步成形。二〇〇〇年首次政黨輪替後，中共視以獨立建國為黨綱的民進黨政府為背叛中國。二〇〇五年國民黨主席連戰訪問中國，與胡錦濤會談，從此台灣內部形成終極統一與反併吞兩條不同路線。二〇〇五年中共「針對台獨分裂勢力」更制定了「反分裂國家法」。

註②：「九二共識」是國民黨人、曾任行政院陸委會主委的蘇起在二〇〇〇年卸任前夕首次提出的一個名詞。

所謂「九二共識」源於一九九二年我方海基會與對岸海協會進行香港會談時，以及其後雙方函電往來爭論兩岸政治關係的過程。

台灣由於政黨不斷輪替執政，國民黨和民進黨對「九二共識」各有解讀，後來在兩岸之間變成重要爭議。

扼要地說，中華人民共和國現在堅稱「九二共識」就是兩岸都堅持一個中國。民進黨認定中華民國在「九二共識」中沒有生存空間。

維基百科對「九二共識」的歷史以及其後的爭議，有詳細記述。特扼要轉載於後：

九二共識最早起源於一九九二年香港會談。一九九二年十一月，中華民國政府和中華人民共和國政府分別授權的非官方組織海峽交流基金會、海峽兩岸關係協會舉行香港會談，討論「文書驗證」及「掛號函件」等事宜如何進行。在會談上，中國大陸海協會提出「一個中國」政治性議題，但雙方認知分歧，在會談結束前無法獲得具體結果。

香港商談結束後，海協會與海基會就表述堅持一個中國原則的方案進行了一系列函電往來。海協會提出了五個表述方案，海基會則先後提出了八個表述方案。一九九二年十一月三日，台灣海基會提出的第八個表述方案為：「雙方雖均堅持一個中國的原則，但對於一個中國的涵義，認知各有不同」，大陸海協會在十一月十六日回函中提出表述方案為：「海峽兩岸都堅持一個中國的原則，努力謀求國家統一。但在海峽兩岸事務性商談中，不涉及一個中國的政治涵義」，並以附件的方式將海基會提出的第八方案附在這封回函中。十二月三日，海基會對海協會的復函表示歡迎，並強調「我方始終認為：兩岸事務性之商談，應與政治性之議題無關，且兩岸對『一個中國』之涵義，認知顯有不同。我方為謀求問題之解決，建議以口頭各自說明。至於口頭說明之具體內容，我方已於十一月三日發布之新聞稿中明白表示，將根據『國家統一綱領』及國家統一委員會本年八月一日對於『一個中國』涵義所作決議加以表達。」

海協會認為兩會在各自以口頭方式表述「海峽兩岸均堅持一個中國原則」達成共識（非正式簡稱「各表一中」），但拒絕接受兩會曾經就一個中國的政治涵義進行討論，對於在一個中國的政治內涵上「各自表述」也未曾達成共識。

九二共識這個名詞在談判後沒有馬上出現。因為它只是經由兩個官方授權的非官方組織（海基會與海協會）口頭協商形成的不成文共識，沒有簽署正式文件，雙方認知與表述也不完全相同。雙方曾各使用「一九九二年兩會共識」、「一九九二年十一月兩會共識」等名稱來描述這一共識。對於「兩岸事務性商談應與政治性議題無關」的雙方共同交集，當時海基會會長辜振甫曾稱此為九二諒解（一九九二 Understanding），包括邱進益、陳明通與薄瑞光都有類似說詞。

一九九五年，中華民國陸委會主委焦仁和提出「一個中國，各自表述」的說法，希望作為兩岸對談的基礎，但被中華人民共和國方面拒絕。一九九九年，中華民國李登輝總統在訪談中提出了特殊國與國關係（常被簡稱為兩國論，日後李登輝對楊甦棣解釋是得到中共中央總書記江澤民預備對國際片面宣布與中華民國方面已達成統一共識的情報因而反制）。海峽兩岸關係協會副會長唐樹備認為中華民國政府與中華人民共和國政府雙方在一九九二年香港會談後已經達成共識，雙方皆認同一個中國原則，但這個原則卻遭到兩國論破壞。在兩國論提出後，中華人民共和國方面關閉了交流管道，要求台灣盡速回到一個中國原則，中華民國行政院大陸委員會（以下簡稱「陸委會」）表示應回到「一個中國，各自表述」的共識。二〇〇〇年，時逢中華民國總統大選結束後、政權移交前，三月二十八日新黨立委馮滬祥開始提出政府應採用「九二共識」，四月二十八日陸委會主委蘇起首次將九二共識與「一個中國，各自表述」連結。二〇〇六年，面對李登輝的批評，發明該名詞的蘇起坦承「九二共識」是他為重新包裝「一中各表」而自創的專有名詞。

二〇〇五年，當時的中國國民黨主席連戰訪問中國大陸與中共中央總書記胡錦濤會晤之後，中國共產黨與中國國民黨共同承諾將推動「九二共識」。「九二共識」的字眼也首次出現在中華人民共和國的官方文件上，成為對台方針的組成部分。二〇〇八年五月二十日以後，在馬英九總統任內，「九二共識」被正式確立，海峽兩岸簽訂ＥＣＦＡ協定以及兩岸領導人會面，被認為是基於「九二共識」取得的成就。

概括目前各方對「九二共識」的立場為：

中華民國各政黨對「九二共識」並未達成共識。

中國國民黨認為「九二共識」核心內容與精神是「一個中國，各自表述」與「交流、對話」。雙方共同認同「一個中國」，但台灣方面認為其「一個中國」指的是中華民國，北京方面則認為是中華人民共和國。雙方進行交流，以利於海峽兩岸各項談判進行。此外，國共雙方都共同反對不承認「九二共識」的各派力量。

民主進步黨和台灣團結聯盟等，承認九二香港會談的歷史事實，但不承認存在「九二共識」。他們主張「九二共識」是中國國民黨與中國共產黨兩黨私下所形成的共識，不代表台灣整體意見。主張以民主程序建立新共識來取代。

至於中華人民共和國，解讀一個中國原則為：「世界上只有一個中國，中華人民共和國政府是代表中國的唯一合法政府，大陸和台灣同屬一個中國，中國的主權和領土完整不容分割。」並認定「九二共識」是指：「海峽兩岸都堅持一個中國的原則，努力謀求國家統一。但在海峽兩岸事務性商談中，不涉及一個中國的政治涵義。」

註③：最近一段時間，美國軍方對中共攻台時間有以下發言：

前印太司令戴維森上將二〇二一年三月預言中共二〇二七年攻台。

海軍軍令部長吉爾迪上將二〇二三年一月預言中共二〇二五年攻台。

空軍機動部司令米民漢上將二〇二三年一月預言中共二〇二五年攻台。

助理國防部長瑞特納博士二〇二三年二月表示中共二〇三〇年前不會攻台。

【二十二說】未來十年台灣內政主軸

雖然預測未來殊屬不易，但左思右想，本人還是決定盡力為之，以周延本書內容。

本人長期注視先進國家在選舉時爭論什麼？我發現民主越成熟的國家越是聚焦民生議題。

二〇二二年台灣舉辦地方選舉，執政的民進黨輸到脫褲子，二十二個市縣，在野黨囊括了十七個市縣長。

各方質疑：二〇二〇年蔡英文拿到的八百十七萬多張選票，為什麼只隔兩年就流失了三百五十多萬票？是哪些選民走掉？為什麼走掉？

依據本人觀察，也綜合各方見解，一大群不滿生活條件未能有效改善的青年人走掉了。此外，期望公義高舉邦國的一部分知識分子不滿政府某一些作為荒腔走板，也走掉了。

知識分子不滿某些作為荒腔走板，牽扯諸多短暫個別課題，但青年人不滿生活條件卻是一個牽扯利益分配的結構性課題；如果政府不能大刀闊斧，調整勞資利益分配結構，青年人的不滿勢必持續。

另外一方面，台灣的經濟發展正面對下墜危機。二〇二三年二月行政院主計處下修今年經濟成長率至二．一二%，創八年來新低。（註①）經貿是台灣生存發展命脈，但出口已呈現衰退，物價又不斷上漲，更糟糕的是作為台灣最大出口市場的美、中兩國，在經濟發展上也都碰到很大的難題。

在美國，由於受到新冠肺炎疫情嚴重衝擊，物價不斷上漲，失業率不斷上升，聯邦政府債務規模突破三十一點四兆美元的法定舉債上限。如果債務問題無解，將造成全球性災難。（註②）

在中國，由於政治專斷，近年來已出現房市嚴重泡沫化現象，中央與地方金融體系也瀕臨崩潰邊緣。

在這種內外交逼的處境下，針對維持台灣經貿榮景，政府勢必要制定對應方略有效執行，否則情況不堪設想。

不可不說的另一件大事是未來台灣的經濟發展勢必受到全球徵收碳稅的衝擊。

根據統計，二〇二一年世界平均碳排係數是每度零點四四一公斤二氧化碳，台灣每度零點五七三公斤，高於很多國家。碳稅的課徵直接影響台灣產品的國際競爭力。

我看到二〇二三年八月，政府已設立「碳稅交易所」，但如何更有效地面對問題？這就直接牽涉能源政策。民進黨政府以「二〇二五非核家園」為政策，所以除核四廠繼續封廠外，核一、核二、核三先後關廠。核電廠全部廢除之後，能源必須依靠綠電、新增燃氣、燃煤發電，否則不能滿足國內用電需求。

台灣面對核電問題，其實各國也都面對核電問題。各國對策各有不同，但國際上已認定核電為綠能，同時已研發出一種小型核融合電廠，大大提高了核電安全。

本人以為，政府有必要從速召開能源會議，追求共識，然後依循共識，務實重擬能源政策，以降低碳稅衝擊，確保能源充裕，並健全經濟發展環境。

國家長遠發展必須仰賴足夠的各類人力，合格的人力必須經由訓練養成，如何針對國家發展的需求培養各類工作人力一直是內政一大課題。

我國教育發達，可是近幾年來人力與需求脫節的情況日趨嚴重。社會上出現很多流浪教師，很多吃力勞動嚴重缺乏人工，失業率卻又高於一般水準。

五十年前李國鼎赴德國考察，攜回德國發展技職教育的張本，可是僅幾年時間，技職教育不再受當權者青睞，盲目的大學教育擴張，終於造成今天教用脫節的慘狀。

兩三年來很多招生不足的學校一一關門，從樂觀的角度看待，這正是重新制定教育政策的時機。調整教育政策以配合國家建設需求是一件長期工程。未來十年，這個課題不願面對也得面對。

由於科技發展一日千里，台灣社會勢必與世界同步面對新科技的衝擊。這些新科技勢必大幅改變台灣的產業結構和社會力結構。

半導體產業還會縱橫全球一段時日，數位經濟已逐步加大比重。人工智慧方興未艾但來勢洶洶，可以預見未來一段時間隨時會出現各種不同的新科技鬼東西（註③），政府視若無睹或者應對無功，國家就會被時代潮流拋在後頭。

最後，我要說，人們對某些政治亂象已逐漸逼近容忍極限。

台灣的政治亂象以政黨惡鬥和民代惡整最為突出。

台灣二千三百萬人口中有大約一千九百萬公民，這些公民加入各不同政黨的比例僅有十分之一，其他十分之九與政黨沒有個人利害連結，可是政黨的作為卻會對他們的權利義務造成後效。

各政黨的主張和作為各有不同，但道理上各政黨效忠同一國家。於是乎，民主政治體制下的政黨在競爭的時候競爭，在該合作的時候也應合作。

可是，現在台灣的政黨熱衷惡鬥，甚至於在應該一致對外的國防、外交事務上也照鬥不誤。

政黨惡鬥令人厭煩之外，民代惡整也令尋常百姓厭惡不已。民代貪沒助理費的新聞不斷出現，民代違法關說取利的新聞騰載報章，民代在議會羞辱官員的鏡頭也屢見不鮮……，凡此都是在挑戰人們忍耐的極限。

本人合理判斷，有朝一日愛國人士會走上街頭，訴求政黨停止惡鬥、民代停止惡整。本人也合理判斷，這種訴求會引起全民共鳴，並且形成龐大改革壓力，由不得政治力量虛與委蛇。那麼如何改善，就成為另一個未來政治主軸。

淺見以為：不同時代必然會有不同的國家治理課題；崇尚務實的政黨和政治領袖才可望在大選中勝出。

本人因此期望各主要政黨及其領導人能夠用心面對台灣內政未來的主軸，並且有效對應。我重複：經濟發展、利益分配、能源政策、人力培植、優質民主這五大課題，將決定台灣未來榮枯。

【附註】

註①：主計處於公布下修二〇二三年經濟成長率時指出：全球需求減弱，產品價格走低，預測二〇二三年出口四五一五億美元，年減五．八四％，為近八年來最大減幅。至於消費者物價指數預估上漲二．一六％，上修〇．三個百分點，也連續兩年高於通膨警戒線二％。

註②：美國政府向來重視所謂國家財政紀律，因此明定聯邦政府舉債上限。

二〇二三年一月，財政部長葉倫警告眾議院，若不立即提高舉債上限，將產生嚴重國家災難。葉倫說時間點是六月，過了六月將無法應付政府固定支出，聯邦政府勢將停擺，而且靠政府補助生活費用的底層人群將陷入困境。

如所周知，中共是美國國債最大持有國家，但美中開始惡鬥後，中共不斷大量釋出美債，使美國國債問題雪上加霜。

美國國會不可能不同意提高舉債上限，但長遠而言，難題依舊。

註③：二〇二二年底，美國微軟公司投資的Open A I公司正式釋出一種名叫Chat GPT的產品，上線短短五天就累積了百萬用戶。只過一個月，用戶已增至一億，各國研究人工智慧的公司，於是宣布緊跟其後。

Chat GPT叫「聊天機器人」。它運用強大運算能力，全面蒐集網路上文本，並加以分類、分析後儲存數據庫，再以深度學習法訓練其理解對話情境，進而能從數據庫中針對問題生出答案。也就是說，它可以寫詩、畫畫、撰寫作業。或者說，它必然取代一部分人力。它比早一年出現的「元宇宙」更上層樓。

值得關注的是，包括奧特曼（聊天機器人的創辦者）、辛頓（人工智慧教父）在內的數十位專家已共同發表了一份聲明。警告世界：應以對待瘟疫和核彈同等級的全球優先要務，從速面對A I滅絕人類的風險。

【二十三說】從政之路

本人青年時期看過一部叫做《慘綠少年》的電影，敘述一個自幼失怙的英國少年，半工半讀，勤奮向學，十年寒窗，最後考上國家公務員，改變了自己命運的感人故事。

國家考試取才，假如公平辦理，確是社會基層男女改變命運的好途徑。我國考試院定期舉辦普考、高考，不少工農子弟，由於勤奮向學，最後通過了這個門檻，成為各級政府公務人員。他們到了政府機關之後，假如能夠奉公守法、績效卓著，最後不只可以做到文官最高階的部會常務次長，從那個職位上再擢升為部會政務首長的人所在多有。因此，我們可以說，這是一條從政的大道。

參與選舉是參與政治的另一條道路。

不過這條道路並不好走。我有一位同學，五十年前以「參與選舉之成敗」為題撰寫碩士論文，他把怎麼選也選不上、選到後來貪污犯罪坐牢、選到最後家破人亡等等加以統計，得出百分之八十七失敗的結論。

一百個參與選舉的人八十七個失敗，這是驚人數目。可是因為失敗者隨即從大眾視線消失，所以人群只看到得意飛揚，看不到失意頹喪。

最近幾年不少民意代表因貪沒助理費被起訴判刑。

這些民意代表為什麼會貪沒助理費？很簡單，個人財務困窘，迫不得已行險故也。

孫中山曾說「政治是有業者的工作」，也就是說，孫中山認為要參與政治的人，先要有一些個人可以安身立命的基礎。

依本人體會，孫中山說的這句話其實頗有深意。

一個人假如走選舉的道路參與政治，那麼每一次選舉勢必要仰賴政治獻金。提供政治獻金的人，他給您的鈔票不是他偷印的，而是流汗流淚辛苦打拚賺來的。只因基於友情或基於理念，他便慷慨解囊；對受贈人而言，那是一種恩惠。

政治人物受了他人的恩惠，最好的回報就是，謹言慎行，有守有為，兌現政見。假如一個不小心生出了偏差的心念，一旦破了戒律，開始貪起不法之財，日久多多益善，走向不歸路，最後大概都難逃天譴。

我沒有過甚其詞！大家自己去比對媒體不斷出現的貪瀆新聞，看看是不是由於這個因果。

當然，必也有些政客狗運亨通，沒有東窗事發，不過，俗諺「鴨蛋再密也有縫」，社會上指指點點，只是當事人不自知而已。

選舉之路，好像也常常變成鬧劇舞台。

我確知，有位青年在岳父金援下當選民代，卻發神經病潛入岳父工廠倉庫偷竊，被岳父告進法院，坐入大牢。

五十幾年前，在我家鄉台南，有一位中年浪人，每到選期就騎著一輛機車，敲鑼打鼓，招搖過市。選到第三次，大概基於同情，幾千人投他一票讓他當選了。但四年期間在縣議會不知所云，第四次再選，選民就把他當神經病了。

也有人曾經連任立委和縣長，只因為憧憬台北舞台，竟就一廂情願參選台北市長，卻時不我與，連四千票也拿不到，落個貽笑大方。沒想到過了兩年，他又宣布競選總統，可是沒有媒體報導他的新聞。

也有早期青年才俊，歷任高官，後來出而爭競總統大位，可惜功敗垂成。其後只要四年一到，為了承擔黨祚，只好承受風塵。如此這般，屢戰屢敗，選到老態畢露，選到鳥散親離，令人不捨。

至於假神明之名參選的事例不勝枚舉。善男信女都知道神明永不開口，怎麼會有人認為可以假神明之名欺騙蒼生？

更令人難過的鬧劇是，一直以來常見政治人物學歷造假的醜聞。二〇二二年九合一選舉候選人學歷造假的醜聞更創高峰，不管哪一政黨都被發現有一些候選人的學歷原來都是

「混」來的。

坦白說，政治人物學歷造假的心態跟貪污沒有兩樣，貪污是把不是你該要的錢沒入口袋，學歷造假是把他人寫的論文當作自己的研究成果；這種人品不只知識界不能接受，連一般基層大眾也會嗤之以鼻。

其實只要用心翻閱一下台灣選舉史，就能看出，「無情」是選舉之路的特性。那些虛偽的角色日子一久很難不被識破。有些人明明已經位極人臣，只因為不誠無物，民意支持度硬就是居下不高。不少曾經一度風光的選壇人物最後鬱鬱而終，不少人以妻離子散為人生結局，也有很多選壇人物以監獄為終點站。

有人說民主政治就是選舉政治，那麼本人必須重提邱吉爾的名言：「民主政治是最壞的政治，只是還沒有人發明更好的取代辦法。」

此外，本人也要在此記明我深刻的感觸：選舉是短時間內密集人力、密集物力、密集智力的重大考驗，一旦當選真如魚躍龍門；可是假如客觀上不具備這個條件，主觀上又不能正確判斷時機，竟然痴迷選舉之路，到頭來會害了自己，也連帶褻瀆了社會國家。

從這個角度看世道，那些辛苦耕田、辛苦做工、規規矩矩完糧納稅，然後拿剩餘的可支配所得紮實生活的基層社會同胞反而可敬多多！

台灣因為教育普及，多數人才在民間。學術界和教育界容納了很多幹才，學者「學而優則仕」的人不少。政府有時候也會從工商界找尋人才，一旦被拔擢，表現亮眼的所在多有。不過，因為政府待遇相對偏低，又必須到立法院當沙包，工商界被徵召的人，常左右為難甚或抵死不從。

瞭解實際政治的人都知道，做官有所謂官運。做官並不是每一個人都因為真才實學。做官有很多案例是因緣際會。政治不清明的時候，有時還可以買官，可以循私，可以托福裙帶；不堪聞問的情況不一而足。

有時候由於有權用人的一方，無識人之明，或親小人、遠君子，竟陰錯陽差，造成小人得志、沐猴而冠的景況。

此外，我還不得不指出，有一些人本身並沒有什麼政治理念，只因為想在政壇保有立足之地，竟然在各政黨間朝秦暮楚，任意遊走。有些人還把原來參加的黨說得一文不值，自解昨非今是。這種角色雖然短時間得意，但日久都被社會鄙視，大概下場都很不好。

此所以常言官道崎嶇，此所以歷來社會現象調查，台灣政治人物的整體社會形象總是居下不上。

從政之路崎嶇不平。本人因此要提醒青年同胞：

假如志在參與公共事務以造福人群，其實從政並非唯一道路。

現在社會有很多非政府機構（Non-Governmental Organization，簡稱ＮＧＯ）組織健全、志趣宏遠，群策群力、長期耕耘的成果甚為可觀。

比如國際「綠色和平組織」（註①），在改善地球環境工作上成效卓著。

比如台灣的「台灣世界展望會」（註②），在濟助全球弱勢的工作上廣受稱道。

此外，台灣各地也有不少宗旨宏遠、歷史悠久、運營健全的公益團體。本人因為參與吳尊賢基金會四十幾年，與公益界多所接觸，所以確知他們都張開雙手，歡迎有志之士加入工作行列。這是不必競逐政治權位就可參與公共事務的大道。

我認為台灣青年如果把眼光轉到這個方向，必可頓見海闊天空。

本人遊走台北京華逾半世紀，可說看盡官場百態，也因此對政治有比一般善男信女更多的感慨！

本人經由選舉開始進入政壇時，與從中國大陸跟隨蔣中正總統前來台灣的國大代表為伍。不管國大代表、立法委員或監察委員，在憲法上都有崇高地位。當年萬中選一，所以其中不乏一等人才。但由於兩蔣苟且偷安，讓他們無限期延任，等到台灣新一生代崛起，訴求萬年國會改選，這群人變成「老賊」，在社會上被指指點點。又因歲月不饒人，到了晚年，健康敗壞，醜態百出，活得非常沒有尊嚴。

那個時期，在文官考試上，有好幾年政府以大中國各省市為單位，分配錄取名額。政府明明已整個搬遷台灣，卻還以大中國疆域作為文官錄取名額分配標尺，自然逐漸引起台

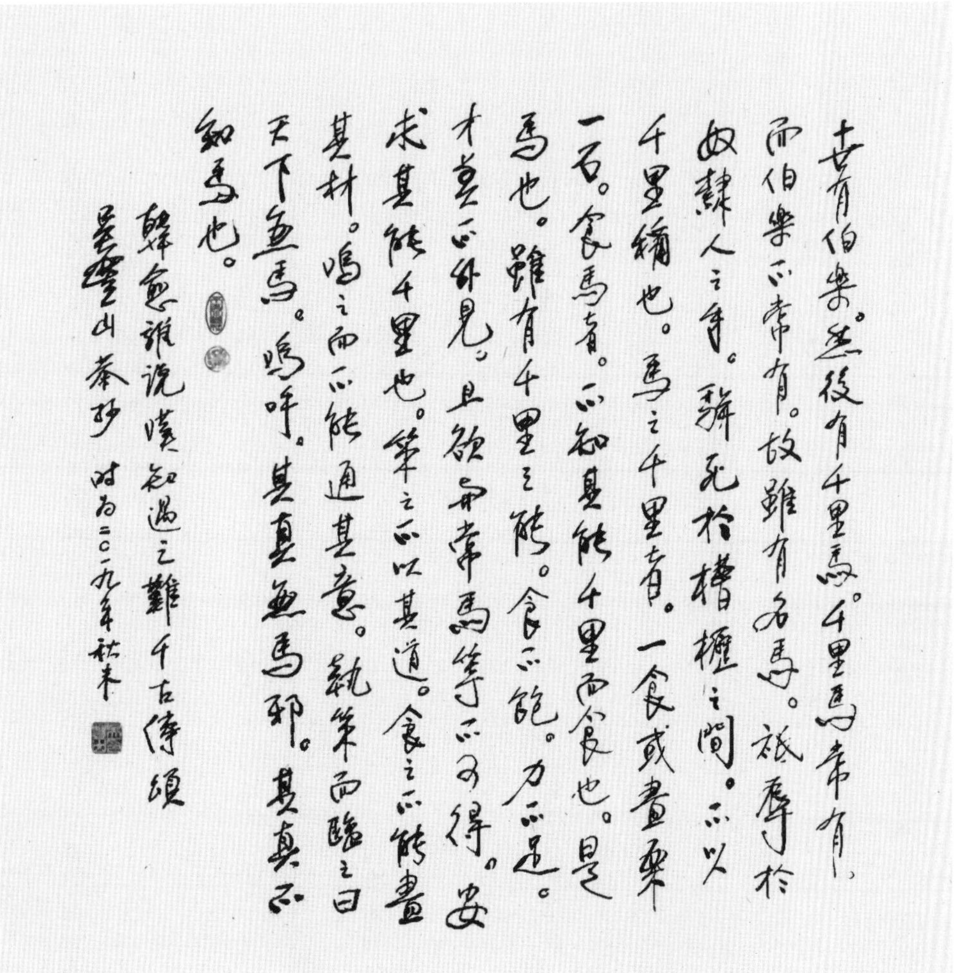
世有伯樂。然後有千里馬。千里馬常有。而伯樂不常有。故雖有名馬。祇辱於奴隸人之手。駢死於槽櫪之間。不以千里稱也。馬之千里者。一食或盡粟一石。食馬者。不知其能千里而食也。是馬也。雖有千里之能。食不飽。力不足。才美不外見。且欲與常馬等不可得。安求其能千里也。策之不以其道。食之不能盡其材。鳴之而不能通其意。執策而臨之曰。天下無馬。嗚呼。其真無馬耶。其真不知馬也。
韓愈雜說讀知遇之難千古傳頌
恭抄 時為二〇一九年秋末

灣青年憤怒。好在，經過一番奮鬥，萬年國會和文官不當名額分配總算成為歷史。

另一方面，在民國六十一年以前，政務官的任使，也明顯沒有符合政府在台灣的政治現實。六十一年上台的蔣經國院長，大概知道已非改弦更張不可，才開始大比例拔擢本土人士參與中央政府。

我們當然可以溫情地把萬年國會、文官錄取名額依不當比例分配、本土政務官佔比不符實際這三件事看成國家戰亂過程的遺憾，但這是一段活生生的台灣政治史，不必遮掩。國會全面改選了，政壇恢復生氣了，本土人士活躍政壇了，後來連總統也直接民選了，但在政治場域並不是一切就從此步上正軌。

好像不管在哪一個時代，都會有一批人德不配位。政務官在位時前呼後擁、走路有風，有些人平步青雲、一路高升，可是任上到底做出了什麼功德？您問他，他自己也說不上來。依據本人的交往經驗，「篤實厚重」、「知書達禮」的政壇人物，其實不多，遑論功勳。

本人擔任監察委員的時候，因為辦案約詢某位新聞局長。新聞局是公共電視的主管機關，可是這位局長先生竟然連公視是什麼東西也一問三不知。這種人為什麼竟然也能高居局長之位？

有人擔任主委，不斷失職，眾人皆曰下台，但主委先生無血無淚，他的長官也曲意維護。

這又是什麼官場倫理？

有人擔任部長，處理政務嚴重失職，有人好意去跟他解說，他也聽不懂，但部長大位卻穩如泰山。這到底是哪裡出了毛病？

也有一些大臣一無大臣之風，說的話是鬼話，做的事是醜事；熱血的人看不下去，一個箭步上前，一個耳光打下去。打人當然不對，被打的人卻啞口無言。

也有一些大官，直接從辦公室走入監獄，或者下台後官司纏身，昔日總總頓成瞬間光華、過眼雲煙！

就成功的定義而言，一個政治人物應該是任上政績卓著，下台後人人懷念，晚年優遊林泉，樂享福報；不過我必須說，古今國內外，這樣子的政壇人物，是少數中的少數。

幾經考量，本人決定在文末也談一談慘烈的政治鬥爭。

古時候，在帝王家，為了爭奪皇位，父殺子、兄殺弟的悲劇不勝枚舉，武則天還「殺姊屠兄、弒君鴆母」。到了晚近，不管民主或專政體制，政治鬥爭依舊。毛澤東造反奪權階段，身旁的功臣、大將，包括彭德懷、胡耀邦、林彪，一大串人後來不得好死，林彪還是被他用飛彈從空中打下來的。張學良和蔣中正結拜兄弟，西安事變後被蔣軟禁了幾十年，被蔣中正槍斃的寵臣也不止一個陳儀。王昇有好幾十年是蔣經國的股肱，後來卻被發放兩萬里外的巴拉圭。李登輝當了十二年總統，用了五個行政院長，其中四人後來反目成仇。二〇〇〇年國民黨丟掉政權，把李登輝開除黨籍的新任國民黨主席是他的副總統連戰。若說李總統和宋省長的恩怨情仇故事，現在五十歲以上的同胞應該記憶猶新。二〇〇〇年迄今，政壇凶險依舊，不過相關人等大都還活著，我不好細說。至於其他時代、其他國家，慘烈的政治鬥爭，情況一個模樣。

人世間，不管在哪一個場域，糾紛爭執難免，但為什麼在政治場域特別慘烈，本人至今參不透其中奧妙。

雖然參不透其中奧妙，不過本人至少看到兩個節點：

——政治鬥爭的內裡充滿了挑撥、犯忌、誤解、傲慢，或者先下手為強；其中並沒有太多是非。

——假如沒有那種政治骨頭，好像就應當另闢人生蹊徑，甚或寧可青菜豆腐、沒沒無聞，也不走這條充滿地雷和陷阱的道路。

淺見以為：即使您不管政治，政治還是要管您，所以我們應該鼓勵品學兼優的幹才從政，而且應該給予表現優秀的從政者應有的禮敬。

但從政這條路不好走，所以我們也必須善意提醒志在政治事業的青年朋友，嚴格檢驗自身的客觀條件，審慎地選擇可以成就自己、也能貢獻社會的正確道路。

【附註】

註①：綠色和平（Greenpeace）是以「保護地球孕育全部多樣性生物能力」的國際非政府組織，總部設在荷蘭的阿姆斯特丹，在全球五十五個國家設有分部。

據維基百科資料，此一組織不接受國家、企業、政治黨派捐助，只依賴個人或獨立基金會的捐款。他們的活動聚焦於氣候變化、森林採伐、過度捕撈、商業捕鯨、基因工程以及反核議題。

這一非政府組織已有五十年歷史，它貢獻卓著。但因部分倡議及對抗行動影響部分商業利益，如基因改造、商業捕鯨，所以必須各地興訟。

註②：一九五一年美國宣教士鮑伯·皮爾斯博士在美國創立「世界展望會」，展開世界救濟活動。首要服務對象為兒童，善行擴及世界九十餘國。

一九六四年「台灣世界展望會」（World Vision Taiwan）設立。目前在全國有七十四個服務據點，在偏遠鄉村和離島扎根尤深。全國志工超過五千人。

【二十四說】太平盛世

用幾萬個單字排列組合成的中文詞句，本人最喜歡「太平盛世」這四個字。

在本人想像中，太平盛世如在北國，那便是瑞雪紛飛，萬家燈火；如在南國，那便是鶯飛草長，百花怒放；如在海邊，那便是紅男綠女，歡樂追逐；如在農村，那便是稻浪翻風，炊煙裊裊；如在都會，那便是燈紅酒綠，車水馬龍……

太平盛世是政風清明、國家善治、風調雨順、國泰民安的極致表現，所以人人心嚮往之。

可是太平盛世可遇難求；因為人類史上戰亂不斷、天災不斷，太平歲月不多，遑論盛世。蒼天不仁，土地的生產條件各地域不同，地底下的資源也分配不均，不能豐衣足食的話，何來太平盛世！

說可遇難求，另一個原因是，政風清明和國家善治要靠治理階層；治理階層能力不足或者心肝不好的話，也不可能生出太平盛世。

本人以為，在古時候，如果沒有戰亂，沒有盜匪燒家劫舍，沒有大天災，官府輕徭薄賦（輕徭指低度徵工，薄賦指低度徵稅），百姓衣食無虞，安居樂業，便可算太平盛世。

不過，生活在二十一世紀的台灣人大概不太可能瞭解輕度勞役的意涵。

在兩三千年前，官府徵召老百姓去建設巨大工程，視為理所當然；金字塔是這樣建成的，萬里長城也是這樣建成的。

據後人考據，在沒有現代建築機具的年代，建設一座金字塔需要幾十萬勞力，而且工時長達幾十年。萬里長城建築的時候，被徵召到北方邊境的勞工，常常一去一二十年，所以才有「孟姜女哭倒萬里長城」的故事。

此外，在某一個意義上，早年美國農莊主人蓄養黑奴，是更悲痛的勞役。被徵召去建設金字塔或萬里長城的勞工，有朝一日也許還可「回家」，黑奴是遠從非洲被販賣到新大陸，販賣過程如同豬隻，抵達新大陸後終生為奴，生出來的子女也是黑奴。

本人之所以作此記述，是要指出：不同的人生會有不同的歷史記憶和政治評價。一度存在地表上的奴隸文明，應該視為人類文明的恥辱標記。

至若在二十一世紀的今天，如果沒有戰亂，沒有歹徒胡亂開槍殺人，沒有大天災，政府又能發展經濟並做好勞資利益分配，社會各階層國民只要努力就可養兒育女，購宅買車，而且人人相信明天會更好，便可算是太平盛世。

我在長時間的閱讀經驗中，發現文人對太平盛世有無限的憧憬。

陶淵明寫《桃花源記》，杜撰了一處洞天福地。在那裡，雞犬相聞，男女怡然，家家豐足。

說是「先世避秦時亂，率妻子邑人來此絕境，不復出焉」，而且「不知有漢，無論魏晉」，您說陶淵明在憧憬什麼？

我看過一部西洋歌劇，名叫《加洛美》。那個地方青山疊翠，百花怒放，是人間天堂。每年豐收之後，男女載歌載舞。國王還會高歌「春天在某月某日一定來到，冬天在幾月幾日必須離開……」可惜的是，我怎麼找也找不到它位在何處？

談太平盛世，不可不提《禮記》的〈禮運大同篇〉。它是孔老夫子描繪的國家理想，其實就是太平盛世的憧憬：

「大道之行也，天下為公。選賢與能，講信修睦，故人不獨親其親，不獨子其子，使老有所終，壯有所用，幼有所長，矜寡孤獨廢疾者皆有所養。男有分，女有歸。貨惡其棄

於地也，不必藏於己；力惡其不出於身也，不必為己。是故謀閉而不興，盜竊亂賊而不作，故外戶而不閉。是謂大同。」

桃花源和加洛美都是一種想像，是無中生有。〈禮運大同篇〉所描繪的國家理想，是經由朝野努力就可到達的境地。

仔細推敲這一〇七個字，其中涉及政治體制、品格教育、經濟發展、社會福利。如果再檢視世界現狀，其實某些理想已分別在某些國家實現。換句話說，孔子的理想，不是夢想。

不過，由於人類獸性難改，戰爭不斷，本人祈求治世，但不敢奢望太平盛世。

中國史書上對「貞觀之治」和「文景之治」大書特書。

「貞觀之治」說是唐太宗在位二十三年期間政治清明，說唐太宗知人善任，廣開言路，厲行節約，復興文教，造成唐朝第一個盛世。

「文景之治」說是漢文帝和漢景帝統治時期朝廷善治，說這兩位皇帝輕傜薄賦，仁民愛物，崇尚和平，其結果百姓富足，安居樂業，天下太平安樂。

戰爭和天災無疑是人類的大敵。

美國在二戰之後，假如不是不斷啟動對外戰爭，讓青年人戰死沙場，並且引來紐約雙子星大樓悲劇，其實是七十幾年的太平盛世。

台灣在過去四十年中，假如扣除九二一大震災，假如不是中共叫囂霸凌，假如不是內部分裂，其實可以追求太平盛世。

本節以太平盛世為題，本人因此想特別談一談地表上四個很有意思的國家。

第一個談不丹王國。

不丹王國是印度北方、喜馬拉雅山下的一個國家，面積三萬八千平方公里，只比台灣大一點，但人口只有七十六萬。

一九七二年不丹國王旺楚克提出了一個叫做國民幸福總值（Gross National Happiness，縮寫GNH）的術語，用來指導國家發展，相對於世界各國所強調的國內生產毛額（GDP）。也就是說不丹不一味追求經濟發展，而是把安樂與幸福定義為新的經濟模式。一直到現在，不丹都是依此理念治理國家。

第二個談烏拉圭。

烏拉圭是位於南美洲東南角大西洋岸邊的國家，面積十七萬六千平方公里，人口三百四十萬。它的民主程度、安和程度、清廉程度以及新聞自由均排列南美洲榜首。很突出的是，烏拉圭有一個舉世無雙的「桌子法案」，明定任何人只要有工作就必須有一張專屬的桌子。

第三個談哥斯大黎加。

哥斯大黎加在中美洲，面積五萬一千平方公里，人口五百二十萬。

一九四九年，其雷爾德總統宣布解散軍隊，並正式載入憲法。

一九八〇年，本人曾路過哥國，知道哥國僅配置五千名警察以維持治安。在覲見哥國總統時，看到總統先生自己開車。問何以不建軍？總統答覆：沒有敵國卻有軍隊，軍隊閒來無事必然造反。

第四個談瑞典。

瑞典在北歐，面積四十五萬平方公里，人口一千萬。

瑞典自二戰結束後開始逐步建立福利國家之整套社會福利制度，極力追求人權平等。瑞典稅率很高，但人民生老病死皆受到照顧。

不久前，本人看到報上一則新聞，說瑞典女總理下班後自己騎腳踏車去市場買菜。

以上記述，重點在不丹的GNH，在烏拉圭的桌子法案，在哥斯大黎加沒有軍隊和總統自己開車，在瑞典女總理自己騎車上街買菜。

這些記述的目的是想讓我國同胞在思考國家建設工程的時候，能有一個更為開闊的視野。

本書書寫已經走到完結篇。由於在前頭二十三節記述中，本人對國政諸多缺失的批評不做保留，可能因此在各方讀友心目中造成一個印象，以為台灣治理失多於得。

如果您有這種印象，那麼我現在必須說：不對！我是恨鐵不成鋼！

事實是，在官方，由於為數不少的政治家在過去七十幾年間窮盡心力，台灣才能在全球兩百多個國家和政治實體中，嶄露頭角，經略出今日這般榮景。

有人窮半生之力專注台灣資訊工業發展，使得台灣的電子產業今天叱吒全球；有人全力推展經貿發展，使得小小一個台灣今天成為不可小覷的世界經貿島；有人堅守中央金融崗位，一路婉拒任何更上一層樓的邀請，台灣才能度過歷次世界金融危機；有人一輩子奔走國際折衝樽俎，為台灣尋求國際空間；另有一群無名工程師不眠不休建成高速公路網，一群無名研發人才窮盡心力開發各種農漁新品種豐富了同胞飲食；本人相信將來研究台灣經略史的人對這些豐功偉績必會大書特書。

至於在民間，從事製造業的人投下大筆資本設廠而且不斷研發精進，從事銷售業的人不辭勞苦奔波三洋五洲；是他們鍥而不捨，才能夠創造出今天這般外貿成績。

同樣在民間，從事教育事業的人，日以繼夜地傳道授業解惑，為國家培育出各種人才；從事服務事業的人，不管在金融、在旅遊、在餐飲、在藝文、在運輸，也大都能兢兢業業，我們這個國家才能經由幾十年的奮鬥，在幾無天然資源可言的環境下締造出今天這種令人刮目相看的建設成就。

換句話說，本人肯定朝野歷來的努力。本書某一些段落把各種缺失攤在陽光下，為的是希望大家勇於面對不足，勇於改進缺失；本人相信唯有不諱疾忌醫，台灣的身心才能更加健康，才能夠克服不斷到來的各種挑戰。

二〇二三年五月，報載：某一國際機構評選全球最宜居國家，台灣名列榜首。

該則新聞看不出評選標準和評選方法。本人合理推斷，應是有一組人，就各國政治民主、生活水平、物價水準、基礎建設、衛生醫療、風土人情做綜合評分，然後排列名次。

二〇二三年六月，瑞士洛桑管理學院（ＩＭＤ）公布世界競爭力年報，台灣在六十四個受評比國家中排名第六。在四大指標中，不管政府效能、企業效能、基礎建設、經濟表現，台灣都經得起檢驗。

外人看台灣，給予高評價，很值得同胞慶幸，甚至於引以為榮。

事實是，二千三百萬同胞的絕大多數，都是善男信女；殺人放火、貪污舞弊、為非作歹的小人絕對是極少數；只因為媒體報導的角度偏差，所以壞人壞事佔據了報章版面和螢光幕，讓同胞每日跟著愁眉苦臉。

我這樣子解析，不曉得媒體界的兄弟姊妹能不能夠有一些新體悟？

我的意思是說，台灣每天都有一大堆好人好事，多報導台灣的光明面才會使同胞樂觀進取，進而相信「明天會更好」。

也正是為了這個「明天會更好」，本人一直有一個很卑微的願望，那就是：

——掌大權者能夠用人唯才，並且勇於察納良言。如果能夠開闊胸懷，不要整碗捧去，那就更好。

——行政體系成員大多能勤政愛民，並以貪污為恥。

——立法體系成員大多能理性問政，並視政黨惡鬥為自我作賤。

——司法體系成員大多能敬慎敬謹，並從內心深處畏懼天理因果。

——尋常百姓大多能勤儉誠樸，並珍惜打拚成果，不做刁民，不作奸犯科。

檢視台灣發展史，本人認定上天特別庇祐台灣，讓台灣躲過了很多戰禍。因此不免要祈禱，二千三百多萬同胞珍惜上天恩寵，進而敬天畏人，讓上天願意永賜恩澤。

最後，只為了要周延本節內容，否則本人實在不忍觸及地球的未來。

近二十幾年來，人類生存的地球生態失控的科學研究騰載媒體。由於無節制的森林砍伐、二氧化碳排放，極端氣候已逐步擴大肆虐的力道和範圍。各國科學家和政治家聯手試圖減緩地球暖化，但成效極為有限。這種情況如果繼續惡化，南北極冰帽將消失，海平面將上升，淡水必然缺乏，糧食必然嚴重不足，於是乎地球形同崩壞；如果那一天不幸到來，人類連活存都不可能了，還奢談什麼太平盛世？

針對地球暖化，極端悲觀的態度是，天底下凡事物極必反，所以只好坦然接受滄海桑田之必然；極端樂觀的態度是，否極泰來是自然律，下一代應會比上一代更有智慧克服人

歸去來兮。田園將蕪胡不歸。既自以心為
形役。奚惆悵而獨悲。悟已往之不諫。知來者
之可追。實迷途其未遠。覺今是而昨非。舟搖搖
以輕颺。風飄飄而吹衣。問征夫以前路。恨晨光
之熹微。乃瞻衡宇。載欣載奔。僮僕歡迎。稚子
候門。三徑就荒。松菊猶存。攜幼入室。有酒盈罇。
引壺觴以自酌。眄庭柯以怡顏。倚南窗以寄傲。
審容膝之易安。園日涉以成趣。門雖設而常關。
策扶老以流憩。時矯首而遐觀。雲無心以出岫。鳥倦
飛而知還。景翳翳以將入。撫孤松而盤桓。歸去來兮。請
息交以絕游。世與我而相遺。復駕言兮焉求。悅親戚之情
話。樂琴書以消憂。農人告余以春及。將有事乎西疇。
或命巾車。或棹孤舟。既窈窕以尋壑。亦崎嶇而經丘。
木欣欣以向榮。泉涓涓而始流。善萬物之得時。感吾生之行
休。已矣乎。富貴非吾願。帝鄉不可期。懷良辰以孤往。
臨清流而賦詩。樂夫天命復奚疑。

類整體命運的挑戰。

本人已走過八十年歲月，我一人悲觀或樂觀都已無關緊要。不過，個人生命有限，人類生機無窮，所以我痴迷人間嘆痴迷，惶恐當頭說惶恐。盼望以後世代男女積極進取，窮盡智慧，保有這顆美麗的星球，並延續人類珍貴的文明。

【後語】政治江湖　也有定理

一

政治體制五花八門，政治行為五光十色，政治人物品類複雜，凡此種種，以上各節已盡可能觸及。

由於長年涉獵政治論述，由於長期注目政治發展，由於曾經參訪過地球上近半國家，本人自然對政治這個東西，生出一些見解。

但是，本人至今不能完全理解，號稱萬物之靈的人類何以形塑出一套很容易被邪惡人等惡用的政治制度？統治階層是人群中的極少數，只由於掌握了所謂公權力，他們高興的時候竟就可以作惡多端，使得佔絕大多數的人民百姓受難受苦！

本人至今也不能完全理解，何以一開始自勉福國利民的政治人物，有一個不小的百分比，後來卻忘掉初心，蛻變成面目可憎、藉勢藉端、貪污腐敗的下三濫！

本人最不能理解的是，人類歷史上出現過不少政治惡魔，一剎那間千萬生靈塗炭，戰場上血流成河，可是為什麼總是到了大災難不可收拾的時候，才在史冊上留下慘痛的篇章！

二

本人理解的是，天底下沒有什麼萬無一失的政治制度。採總統制三權分立的國家也會出現不受任期節制和法律規範的頭目。採內閣制的國家，即使總理上頭另有個國家元首，「挾天子以令諸侯」的戲碼，不是只有出現在古中國曹操身上。世界上有一百二十幾個國家設有監察使，但真正發揮監察功能的不多。對岸高唱民主專政，習近平打貪竟然打出了幾萬名貪官，其中不少人竟可貪到幾百億人民幣，令人瞠目結舌！

這就是說，人的品質和政治制度同等重要；假使要排列一、二，本人認定人的品質第一，政治制度第二。

三

本人壯年時期曾公開說過這樣一句話：「政治這個東西，拿菜刀剁碎，再攪蜂蜜，丟給豬吃，豬也不吃。」這是因為當年看到國內外一大堆政治人物胡作非為所發出的感嘆！

現在我要說：「政治江湖，其實也有一定的道理；政治人物假使能夠了然於胸，並且內化為言行準則，必可造福人群，成就自己，成就社會國家。」

嚴格講，這本小書並非什麼著作。本人只是把個人閱讀、觀察、參與、思考所得到的一些看法向大家做心得報告。假如一般社會男女翻閱之後，得到一些知識，然後調正對政治的態度；或者假如政治人物翻閱之後，看到一些警示，進而端正身心、謹言慎行，那麼本人就算達到了寫作的目的。

此外，對我所忠愛的台灣，我要大聲疾呼：

我們應該窮盡能力，設法長期培植夠格的台灣政治人才。

柏拉圖在《理想國》一書中發表他那套以三十年時間培養每一個治國人才的要領，但是我知道在追求急功近利的台灣，柏拉圖的方略並不可行。

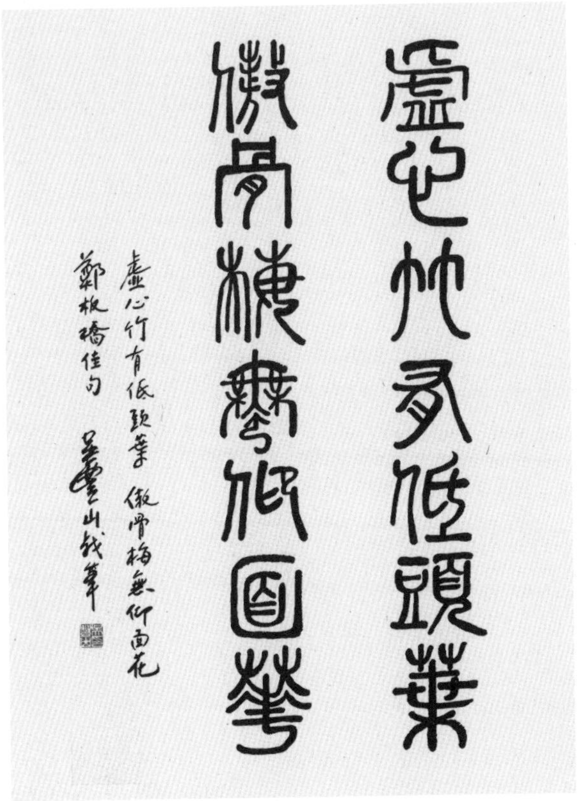

本人在研習政治的過程中，知道北歐幾個國家在造福國民的工程上獲得很大成就。但台灣的國家條件迥異，那幾個北歐國家的善治要領，對台灣參考價值不大。

倒是日本和新加坡這兩個國家，值得我們大大關注。

日本是個民主政治穩定、經濟繁榮發達的國家。在日本，貪腐新聞難得一見。我認為百餘年前的明治維新是一大功業。四十年前松下企業創辦人松下幸之助捐資設立的「政經塾」是另一大功業。這個私塾德、智、體、群四育併重，為日本財經界和政治界培育了不可計數的幹才，成為日本治理的中堅。

新加坡彈丸之國，它的民主政治在國際上評價不高，但治理成就一流。新加坡開國之父李光耀為新加坡設立了整套政務人才培育制度，品德教育和治理能力教育併重，從那裡出來的治理人才成為新加坡政治的骨幹。

我當然也注意到國民黨和民進黨都設立了人才訓練機構，但容我坦白以道，這兩個政黨的人才訓練以貫徹黨德為主軸，這是為爭奪執政權而訓練人才，不是為國家善治培育幹才。

總而言之，品學兼優的幹才可以使壞制度變成好制度，不夠格的政治人，連好制度也會在他手上變成壞制度。

容我再一次苦口婆心：人才！人才！

培植品學兼優的政治人才是台灣長治久安的根本。

台灣人是優秀的種族。論軀體，不論男女，大抵堅實。論智商，全球排名第二（稱為WPR的全球人口綜述組織公布「二〇二三年最聰明國家」，台灣人以平均智商一〇六・四七，僅差排名第一的日本人〇・〇一個百分點）。論民性，勤儉誠樸是共同基因。

本人堅信，兩千三百多萬台灣人，如果有優秀的政治領導，如果能夠相互友愛，如果能夠持之以恆，一定可以不斷創造佳績，把台灣建設成地球上一個最安和樂利的美好國度。

也許您會認為這是一種痴想，可是它確實是本人十分堅定的信念。

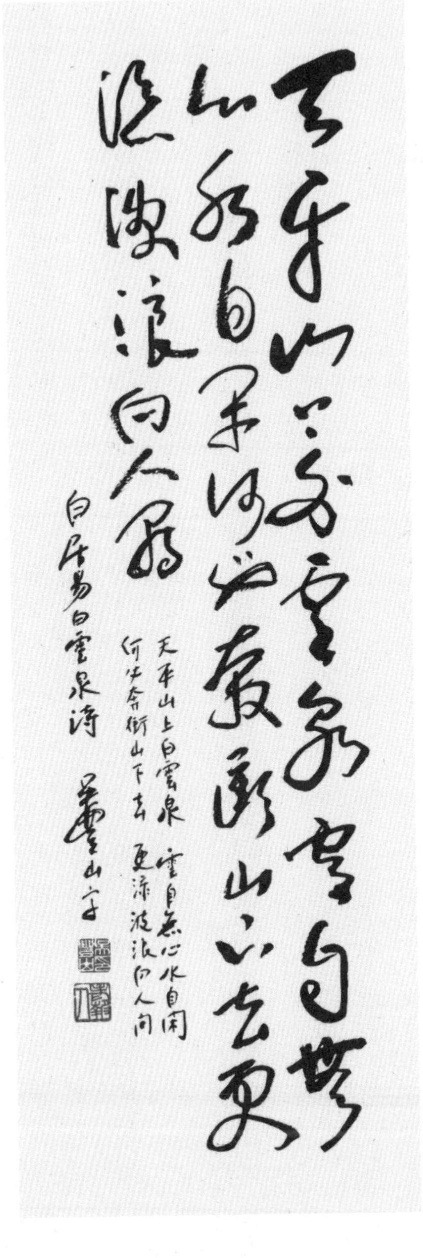

四

最後必須特別說明以下幾事：

——本人依寫作慣例，列出參考書目編在卷末，但只限於本人整本讀過而且現在還找得到的文本。

有一些早年讀過的文本，因為在書房中找不到該書，無法記明出版年月和出版單位，也只好從略。

此外，凡是引述大英百科全書和維基百科所載資料，而本人並未整本都讀過的文本，依寫作倫理，當然也不列為參考書目。

天底下學問繁雜，書籍以數百萬計，本人其實只觸及皮毛，這也是本書以「說政治」為題，而不是用「論政治」之類嚴謹字眼的考量。

——本人在完成二十四章節的作工之後，發現寫作廚房剩下很多寶貴食材，又因恰逢台灣開發屆滿四百年，因此著手整理烹煮出〈台灣四百年經略過程大要〉、〈台灣四百年產業發展大要〉，連同〈卑微又雄偉、可愛又可悲的人類〉一文，作為附錄。這三篇附錄很像三大鍋五更腸旺，連身為廚子的本人品嚐了之後都覺得風味特佳。

——至於讀後記，是筆者太太的閱讀感想。事實上那是一種當前社會的普遍心聲。

——這本小書由於談論範圍至廣，因此在理解、年代、述說，甚至於校訂編印上恐怕難免錯誤，殷盼各方大雅不吝指教；如果您對我錯，自將於再版時訂正。

書中某些直白說詞，可能會令相關人士感到不舒服。但請瞭解，為了成就台灣，本人也有不得不然的苦衷。

書中有幾幅本人勇於獻醜的毛筆字，那是為了不讓全書呈現一片字海的修飾方法，也請各方大雅瞭解。

是為後語。

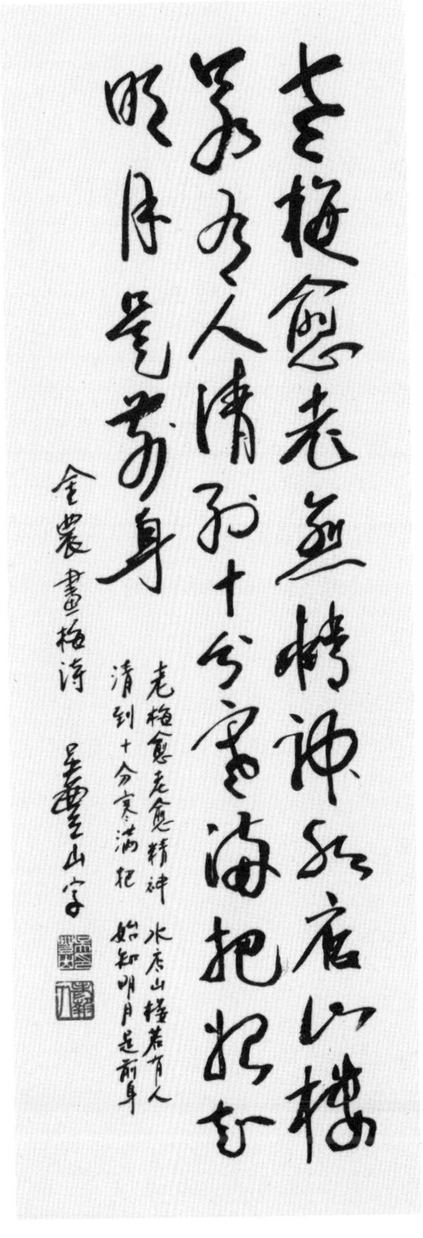
老梅愈老愈精神　水店山樓若有人
清到十分寒滿把　始知明月是前身
金農畫梅詩

【呼應】祈禱台灣明天會更好

吳蔡秀菊

一

我是本書作者吳豐山的太太。

身為一個行事低調的家庭主婦，為什麼會寫這篇短文？

民國一一二年八月，吳先生讓我閱讀《追古溯今說政治》一書的打字稿。他的本意只是讓我先讀為快，同時讓我作為消遣。

不過，閱讀之後，我跟吳先生說：您真的寫得很好，我樂意用自己的積蓄贊助您辦一場「新書發表會」。吳先生欣然同意。

然後，他說：「我因為想把事情單純化，所以未請師友寫推薦序，假如您願意執筆寫一篇讀後感，我很歡迎。」

於是，我也欣然同意。

這就是這篇短文的由來。

二

我婚前是個職業婦女。民國五十九年與吳先生結褵。民國六十二年吳先生當選國大代表後，我毅然辭職，回歸家庭，幫吳先生接待南來北往的選民和親友。

後來二子一女先後到來，養育子女變成另一重要工作。民國八十四年，為讓子女有一個較好的教育環境，我攜子女前往澳洲雪梨。到了民國九十九年，由於子女先後完成階段性學業，我才回到先生身邊。

三

前後一算，我在澳洲住了十五年。在異國十五年期間，我當然會有一些感觸。

澳洲原來是大英帝國殖民地，所以在公共行政和公共建設上，承襲了大英帝國的優良傳統。

比如說，我們買的房子是一幢七十幾年的老屋，但是依然堅固耐用。房子所在的社區，馬路、路樹、雨水下水道、衛生下水道都是在上個世紀初葉就已依規劃做好。六十年前，也就是上個世紀中葉，我與吳先生的家鄉，連柏油路都沒有，遑論其他設施。

又比如說，澳洲是個民主國家，政黨政治很上軌道，我平日閱讀報章，看到澳洲政治人物，大多謹言慎行。幾乎看不到貪污的新聞。政黨之間有競爭，但沒有惡鬥。

有一年，吳先生飛澳探眷，一位早年移居的台僑因競選國會議員前來拜訪，要我們協助她募款。問競選國會議員花費多少？她說只要二十萬澳幣（約新台幣四百萬元）。說是十萬元交給黨部做統一文宣，另十萬元自己作為舉辦多場茶話會之開支；此般選風比對台灣，令我們夫妻訝異無比。

此外，我們左鄰右舍的澳洲人，都慈眉善目，彬彬有禮，守法守分，守望相助，大家心照不宣地共同營造一個宜居的社區。

換句話說，我為了陪子女讀書，竟然也在澳洲這個美好的國家度過了清風明月、鳥語花香、快意舒坦的一段美好歲月。

四

我居留澳洲期間，吳先生的工作已由自立報系、公共電視、政務委員，轉進監察委員。

民國一〇三年，吳先生監委任滿後，並未退隱。他每天依舊一早出門，去他擔任理事長的台北市吳姓宗親會和擔任董事長的吳尊賢基金會上班。不過因為公務量少，他得有大量閱讀寫作時間，所以九年來出版了多本著作。我每一本都會拜讀，其中《追古溯今說政治》這本作品，最讓我感動。

五

我雖然是一個生活低調的家庭主婦，不過就像每一位為人母親、為人祖母者一樣，我十分關心子孫的前途。

記得我子女在澳洲讀書時，除了次子在考國際認證金融分析師證照（CFA）時曾有一小段苦讀時間外，大都是下午四時就回家在後院打籃球。可是現在與我們同住的兩個孫子卻讀得無瞑無日；我實在不瞭解，我國教育制度到底哪裡出了問題？更不必說其他很多莫名其妙的亂象。

我年輕的年代，台灣經濟尚未發達，庶民生活普遍匱乏，但是社會上普遍相信明天會更好。這二、三十年來，台灣經濟建設雖然成就不凡，但是社會秩序紊亂，許多政府大員的言行令人不敢苟同，政黨惡鬥也令人厭惡；對台灣新生代的未來幸福非常沒有信心的人，不止我一人。

六

吳先生半生服務社會，但未參加政黨，他堅持知識分子的良知，是其所當是，非其所當非；這種操持，他一路走來，始終如一。

本書泛談政治，他雖然用語節制，但基本上，他視野廣闊，上下古今，引經據典，言之有物。在很多章節末尾，基於忠愛家國，也由於恨鐵不成鋼，他毫無保留地把台灣社會的缺失逐一道破，並提出改善藥方。

語云「良藥苦口」，但我知道，假如各方願意忍受苦口，良藥必會生出良效。

我之所以提議辦一場新書發表會，就是希望更多人閱讀本書。我認為吳先生的忡忡憂心如能引起社會共鳴，進而不斷更革改善，那麼台灣就有福了！我們的子孫就有福了！

【附錄二】台灣四百年經略過程大要

台灣人不可不瞭解台灣經略史。

坊間相關台灣史的著作甚多，作者包括國內外人士，記述範圍各有不同，所持史觀也有很大歧異。本人盡力摒除成見，整理出這份「台灣四百年經略過程大要」，作為附錄，供各方讀友併同本書一起閱讀。

——台灣原住民族歷史悠久。其來源，一說自亞洲大陸南疆渡海東來，二說自南洋諸島北來，三說台灣是南島語系族群發源地。三個說法各有依據。

據考古學家研究，距今三萬年前的台東長濱文化是考古所知的台灣最古文化。

原住民族分屬十六個種族：泰雅、賽夏、卑南、阿美、排灣、布農、鄒、魯凱、雅美、邵、噶瑪蘭、太魯閣、撒奇萊雅、賽德克、拉阿魯哇、卡那卡那富。每一種族各有頭目。「大肚王國」曾是一個原住民部落聯盟，統轄大肚溪流域一帶，共主稱為「大肚王」。荷蘭人入侵台灣後，此一王國臣服。其後被分化消失。

——一六二四年，隸屬荷蘭東印度公司的荷蘭人進佔台南，建立治理機構，並將原先落腳西北部的西班牙人驅除。荷蘭人領有台南期間曾引進新物種，但主要目的在以台南為集散地經營貿易。

— 一六六二年，在福建被滿清政府打敗的鄭成功率領兩萬五千大軍及百艘戰艦來台驅除了荷蘭人，建立東寧王國，誓言反清復明。

鄭成功來台一年即過世，鄭經繼位。鄭經過世後鄭克塽繼位。一六八三年施琅奉清廷之命攻台，鄭克塽投降。

東寧王國治台二十二年間，其參軍陳永華為了充足軍糧民食，在台南一帶推動屯田政策，開墾了大約七千五百公頃良田。

— 滿清政府打敗鄭家軍後，因施琅力諫，乃將台灣納入版圖，與福建廈門合署台廈道。時為一六八三年，亦即康熙二十三年。

在此之前，台灣從未納入中國版圖。考據家指出，《三國志》、《隋書》、《文獻通考》所記流求國是琉球群島，亦即今天的日本沖繩群島。

自一六八三年至一八九五年，滿清王朝統治台灣二百十三年。期間對福建沿岸居民渡海來台時而禁止，時而放任。

來台漢人從事農墾。此期間有高雄曹公圳、台北瑠公圳等諸多水利建設，農田逐步增加到大約三十五萬公頃。主要產物為稻米、甘蔗、茶葉。兩岸通商興起，台南、鹿港、艋舺成為船運口岸，亦即所謂「一府二鹿三艋舺」。

——滿清政府治理台灣，態度鬆散，民變迭起，規模較大者有七十多件，其中最大民變為朱一貴事件、林爽文事件、戴潮春事件。此外閩客械鬥、商團械鬥也屢見不鮮。

第二次鴉片戰爭後，滿清政府同意安平、淡水開港通商，不久又開放打狗（高雄）、雞籠（基隆）二港。

此期間，西方文化伴隨基督教開始傳入台灣。

——一八六七年，十多名美國船員在恆春一帶被原住民傷害，最後美國駐廈門領事李仙得與恆春原住民十八社簽訂了「船難救助條約」，史學界咸認此舉等於滿清政府自我否定了番地管轄權。

——一八七一年，五十四名琉球人因颱風漂流至恆春半島，被原住民殺害。日本派代表要求滿清政府處理，被以「生番係我外化之民」拒之，是為「牡丹社事件」。

——一八七五年，沈葆楨以欽差大臣身分抵台，積極整頓台灣治理，建立新砲台，利用機器採煤。繼任巡撫丁日昌修建了電報線。一八八一年劉璈任職分巡台灣道。

——一八八四年，中法戰爭時，法國海軍曾佔領基隆，進攻淡水，並一度下令封鎖台灣。

——一八八五年，中法戰爭結束，滿清政府在台灣建省，派劉銘傳為首任台灣巡撫，行政區劃調整為三府（台南府、台灣府、台北府）一州（台東直隸州）十一縣（淡水、新竹、苗栗、台灣、彰化、雲林、嘉義、安平、鳳山、恆春、宜蘭）三廳（基隆、澎湖、埔竹）。一八九二年興建自基隆至新竹的鐵路。其後邵友廉繼任，之後為唐景崧。

——一八九四年中日發生甲午戰爭，中國戰敗。一八九五年中日簽訂「馬關條約」割讓台灣、澎湖。

當年在台官民大表不滿，於五月二十五日宣布脫離大清，成立「台灣民主國」，推唐景崧為大總統，劉永福為大將軍，制定藍地黃虎國旗，並以「永清」為年號。

——一八九五年日本佔領軍在澳底登陸，向台北進發，此時台北已陷入無政府狀態。名叫辜顯榮的浪人與外籍商人代表赴基隆引日軍入城。六月十七日首任總督樺山資紀舉行始政式。辜顯榮後來被賞以貴族院議員，並獲得一些特惠利益，變成大富翁。

同年十月下旬，劉永福見大勢已去，棄守逃亡。台灣民主國歷史前後一百八十四天。

——日本殖民台灣初期，發生多起抗日事件。一八九六年日本公布「六三法」授權台灣總督得頒布具有法律效力之命令，軍人出身的總督集行政、立法、司法、軍政大權於一身。

總督府民政長官後藤新平推動治台各項現代化制度。一九一九年後台灣總督改由文官擔任，另設「台灣軍司令官」掌理軍政。治台政策改為同化政策，並陸續完成桃園大圳、嘉南大圳、日月潭水力發電廠等建設，米糖生產成為主要產業。農田增加到八十萬公頃。此外，殖民當局對鐵公路運輸、公共衛生、法治體系也有著力，而且頗有成績。為了將公權力深入山區，曾與原住民爆發多起流血衝突。

—日本殖民中期，台灣民智逐漸升高，一些留學日本的台灣人開始推動政治社會文化運動，追求平等待遇。

一九一四年林獻堂奔走成立「台灣同化會」，追求台灣人與日本人的地位平等。

一九二〇年，留日台灣青年在東京成立「新民會」，主張改革台灣政治體制。

一九二一年蔣渭水成立「台灣文化協會」，以增進台灣人的知識，並呼籲台灣人覺醒。蔣渭水並於一九二七年創立「台灣民眾黨」。其後關心勞工、農民權益的團體也相繼成立。一九三一年，「台灣民眾黨」被查禁。楊肇嘉領導的「台灣地方自治聯盟」也自動解散。

各項政治訴求運動以「台灣議會設置聯盟」為最大規模，並得到日本國會中進步議員的呼應。

—一九三七年日本發動對華侵略戰爭，一九四一年日本偷襲美國珍珠港。在歐洲，德國的希特勒發動擴張侵略戰爭，形成第二次世界大戰。一九四四年十月起，美國開始轟炸台灣，對官署、工廠、產業造成重創。

—一九四五年八月十五日，日本宣布無條件投降。十月二十五日，末代台灣總督安藤利吉在台北公會堂簽署降約，結束五十一年的殖民統治。此時台灣人口五百萬。

—日本敗退，盟軍最高統帥麥克阿瑟命令日本向代表同盟國的蔣介石投降，陳儀奉派來台接管，並設立「台灣省行政長官公署」，出任台灣行政長官。

—陳儀接管台灣之後，因為軍紀不佳，因為通貨膨脹，因為失業嚴重，又因為將多種民生物資運往中國支援內戰，逐漸累積龐大民怨。

一九四七年因一起緝菸血案引爆全台反抗行動，史稱「二二八」事件。一週後國民政府增援兵力展開「清鄉」，許多台灣菁英與百姓於亂軍中命喪黃泉。不少人被逮捕後未經審判而被監禁、處死或失蹤。此事件對其後台灣政治產生重大影響。海外台灣獨立運動開始萌芽。一直到二〇二三年事件波濤尚未平息。

二二八事件後台灣行政長官公署改制為台灣省政府，魏道明被派任為首任省主席。

—一九四九年，國共內戰走到尾聲。十月一日毛澤東在北京成立中華人民共和國，原已下野的蔣中正總統隔年在台北復行視事。由於大量軍民隨蔣中正渡海來台，台灣人口由五百萬驟升為七百萬。

—一九五〇年六月韓戰爆發。六月二十七日美國總統杜魯門下令第七航隊開入台灣海峽，以防中共侵台或國民政府反攻大陸。堅主對中共使用原子彈的麥克阿瑟將軍被杜魯門總統下令撤職。陳儀被蔣中正總統以通敵罪名槍斃。中共加入蘇聯陣營，美國支持國民政府，東西冷戰成型。

——陳誠於一九四九年接替魏道明出任台灣省主席，改變幣制，舊台幣以四萬元比一的比率兌換新台幣。並以「三七五減租、耕者有其田」為要領實施土地改革。

——蔣中正係以盟軍代表接管台灣，一九五〇年六月，杜魯門總統與艾奇遜國務卿聲明「台灣未來地位必須等待太平洋地區的安定恢復、對日和平方案成立或經聯合國討論後再做決定」。一九五四年中美簽訂「共同防禦條約」，國民政府站穩了腳跟。其後美國開始金援台灣。

——一九五六年「台灣共和國臨時政府」由廖文毅領導在日本成立。一九六一年蘇東啟計劃以武力號召台灣獨立。一九六四年彭明敏與其學生謝聰敏、魏廷朝發表「台灣自救運動宣言」。彭明敏被判刑八年，其後逃亡，輾轉落腳美國，領導台灣獨立運動。一九九六年曾代表民進黨參選總統，二〇二二年過世。廖文毅後來歸順，出任石門水庫建設委員會副主委。旅日青年、辜顯榮之子辜寬敏等人繼續推動台灣獨立建國。辜寬敏於一九七二年返台，政府視同歸順，發還原被沒收的財產。但在美國、日本、巴西、英國，台灣獨立運動方興未艾，直到台灣解除戒嚴，台灣獨立聯盟遷台，並與民進黨力量結合，參選立委、縣市長甚或參贊中樞。辜寬敏晚年創立機構，推動正名制憲，二〇二三年過世。

——一九七一年，對峙二十年的聯合國代表權之爭，中華民國落敗，聯合國排除中華民國會籍，由中華人民共和國取代。但決議文無一語提及台灣。

——一九七二年蔣經國出任行政院長，推動十大建設，大量起用本土政治人物參與中央政府。一九七五年蔣中正總統過世，副總統嚴家淦短暫過渡。一九七八年蔣經國初任總統，但國會依舊由老代表不斷延任，「戒嚴法」也嚴重殘害國家生機。蔣氏兩岸政策為「不談判、不接觸、不妥協」，後來強調「三民主義統一中國」。

——一九七八年十二月美國卡特總統宣布與中華民國斷交、與中華人民共和國建交。隨後並以「台灣關係法」罩護台灣，並維護美國在台利益。

——一九七九年，要求政治改革開放人士在高雄與軍警發生衝突，政府展開大搜捕，其後部分軍法審判，部分民法審判，史稱「美麗島事件」。隔一年，原先中止的中央民意代表補選恢復，「美麗島事件」受刑人家屬及辯論律師多人當選。

——一九八六年，民主進步黨成立，雖然「戒嚴法」尚在，但蔣經國決定鬆手。稍後並宣布將解除戒嚴，並開放大陸探親。

——一九八八年，蔣經國總統過世，副總統李登輝接任，國民黨內曾有嚴重人事鬥爭，最後李登輝坐穩黨主席與總統大位。一九九〇年搭檔李元簇獲國民大會推選為正副總統。

——一九九〇年，不滿萬年國會和政治改革遲緩的大學生發起野百合學運，李登輝總統依承諾召開國是會議，會中達成國會定期全面改選以及總統直選的共識。

——一九九六年，首次總統直選，李登輝、連戰當選正副總統。彭明敏搭配謝長廷代表民進黨首次參選。

李登輝任上一改戒嚴時期的限制政策，開放包括銀行、媒體、證券公司、航空公司的申請設立。由於執政權的爭奪，黑金政治也開始出現。其後，認為李登輝趨獨的部分國民黨人出走，成立「新黨」。李登輝在總統府成立「國家統一委員會」。不過，李卸任後說，那是不統一委員會。

李登輝當家十二年期間，以先前累積為基礎，在經濟建設上成果豐碩，台灣在世界經貿地圖上開始佔有一席地位。在內政上，藝文創作百花齊放。政府對二二八事件和美麗島事件進行道歉賠款。高速公路網逐步成型。高速鐵路快步建設。全民健保也開始起步。辜顯榮之子辜振甫和汪道涵在新加坡辜汪會。台灣人與外國人結婚生育的子女逐步累積，成為台灣第五大族群。李氏執政期間多項盲目開放政策，後來備受批評。

——二〇〇〇年，民進黨人陳水扁、呂秀蓮當選正副總統，台灣第一次政黨輪替。李登輝被國民黨開除黨籍，稍後由側翼成立「台灣團結聯盟」。宋楚瑜成立「親民黨」。中共加大霸凌台灣力道，陳水扁以「四不一沒有」（即只要中共無意對台動武，本人保證在任期之內，不會宣布獨立，不會更改國號，不會推動兩國論入憲，不會推動改變現狀的統獨公投，也沒有廢除「國統綱領」與國統會的問題）並以任命國民黨人唐飛出任行政院長作為過渡要領。二〇〇四年打敗國親合連宋配。陳水扁第二任期上，家人親族發生貪瀆案，原民進黨主席施明德領導紅衫軍走上街頭。此前不久，不滿陳水扁未遵從台獨黨綱的民進黨人出走，成立「建國黨」。

——二〇〇八年，國民黨人馬英九、蕭萬長當選正副總統。台灣第二次政黨輪替。陳水扁旋即入獄六年。馬英九以「不統、不獨、不武」為兩岸方針，以「親美、友日、和中」為對外政策。二〇一二年馬英九搭配吳敦義當選連任。第二任末期，馬英九與習近平在新加坡舉行「馬習會」。

——二〇一六年，民進黨人蔡英文、陳建仁當選正副總統，台灣第三次政黨輪替。蔡英文宣示以中華民國憲法及兩岸既有相關條例處理兩岸關係，但中共以蔡英文不承認「九二共識」為由切斷兩岸既有聯繫管道。習近平並於二〇一九年宣布「兩制台灣」方案，又因香港發生「反送中」示威，台灣抗中意識高漲。

二〇二〇年蔡英文搭配賴清德當選連任。

——蔡英文二〇一六年上任後成立「不當黨產委員會」，制定「不當黨產處理條例」，針對國民黨龐大黨產進行訴訟、追討、沒收。並成立「轉型正義委員會」，針對威權統治遺緒進行移除工作。國民兩黨惡鬥因而加劇。

——二〇一九年，台北市長柯文哲創立「民眾黨」，並在二〇二〇年爭得立法院第三多數席位。

二〇二二年民眾黨人高虹安勝選新竹市長。

稍早創立的時代力量黨和台灣基進黨，選舉實力排列其後。

——二〇一六年美國總統川普以美中貿易美方大大吃虧為由，開始與中共打起貿易戰。二〇二〇年美國總統拜登延續此一政策，並加大力道。台灣由於位處第一島鏈，由於晶片生產執世界牛耳，在美中抗衡中，角色地位大幅攀升。

美中台三角關係形成弔詭情勢。

弔詭之一是兩岸政治對立，但台灣對中共的外貿依存度高達百分之四十二，而且一直居高不下。

弔詭之二是台灣參與各類國際政治、經濟、衛生組織的努力仍然不能如願，但在美國運作下，世界各主要友美國家紛紛表態力挺台灣。台海和平也成為舉世矚目的焦點。

弔詭之三是，近兩年來中共不斷機艦擾台，但在台灣內部，一小部分歡迎中共統一台灣的人士利用言論自由，大鳴大放，幾無禁忌。

至於美國及國際社會挺台，部分同胞感到興奮，部分同胞認為美國要把台灣變成烏克蘭第二。

走到二〇二三年，由於新冠疫情荼毒全球長達三年，由於俄烏戰爭擾動全球經濟秩序，包括美國、中國、台灣，在內政上都出現諸多難題。中共習近平打破二連任體制，開始第三個五年任期。美國和台灣都將在二〇二四年改選總統。更由於美中對抗升高以及美國友台逐日加溫，美中台關係以及台海局勢成為舉世注目的焦點。

【附錄二】台灣四百年產業發展大要

經濟部官網揭示的台灣經濟發展數字，始於一九五一年，也就是民國四十年。自荷蘭人據台的一六二四年至國民政府遷台的一九五〇年，相關台灣產業發展，只有零星史料。根據這些史料以及後來統計數字，台灣四百年產業發展大要如下：

—荷蘭人據台三十九年，期間曾大量捕殺梅花鹿，取鹿皮銷往日本和歐洲，鹿皮是製作戰士盔甲的上等材料。也曾自福建引進勞工種植甘蔗製造蔗糖，蔗糖在那個年代是歐洲上層社會的奢侈品。

—鄭成功的東寧王國為了充實軍糧民食，有計劃地在台南附近推動屯墾，生產糧食。參軍陳永華也曾規劃以鄭家戰船進行南向貿易，但因東寧王國二十一年就亡國，未有成績。

—滿清政府統治台灣二百十三年期間，官民開始建設水利工程擴大農業生產。福建移民也引進茶籽，利用台灣丘陵地帶種植好茶外銷。此外，台灣盛產樟樹，樟樹榨取的樟腦一度獨佔國際市場。後來化學合成樟腦，天然樟腦因價格較高，此一產業便就沒落。

——日本殖民台灣五十一年期間，以發展台灣農業支援日本工業為政策主軸。稻米生產因大規模水利灌溉，產量大增。殖民當局並鼓勵日本財團來台機械製糖，產量可觀，但從事糖米生產的農民因被剝削，獲利有限。殖民後期，總督府也鼓勵發展輕工業，不過，二戰末期美軍大肆轟炸台灣，工業設施幾乎全毀。

——國民政府來台初期，兵荒馬亂，二百萬來台軍民安置工作耗盡官方心力。

隨後韓戰爆發，美國第七艦隊駐防台海。

一九四九年省府主席陳誠推行土地改革。一九六二年國民政府開始實施第一期五年經濟建設計劃。

——台灣發展經濟初期，以「加工出口區」獨特模式生產工業低階產品，外銷賺取外匯，再用外匯進口機械設備，逐步提升工業發展。

台灣民間工業界人士也在政府獎勵優惠輔導下，在紡織、塑膠、家用電器、工具機等工業上做出可觀成績。至於完整的晶片產業鏈後來傲視全球。

——一九五一年台灣國內生產毛額一一九七百萬美元、國民平均所得一五四美元，低於第三世界國家平均水準。

——蔣經國自一九七二年當權，到了一九八八年過世的時候，國內生產毛額一二六三七八百萬美元、國民平均所得六三七〇美元。

——李登輝當了十二年總統，二〇〇〇年他下台的時候，國內生產毛額三三〇七二五百萬美元、國民平均所得一三三二二美元。

——陳水扁當了八年總統，二〇〇八年下台那年國內生產毛額四一五八二四百萬美元、國民平均所得一五二九九美元。

——馬英九當了八年總統，二〇一六年下台那一年國內生產毛額五四三〇〇二百萬美元、國民平均所得二〇一三二美元。

——蔡英文將於二〇二四年八年任滿下台。二〇二二年國內生產毛額七六二六七四百萬美元、國民平均所得二八六〇〇美元。

比對以上數字，可以看出台灣自一九五一年以後，國內生產毛額一路攀升，至二〇二二年，成長達六三八倍。國民平均所得水漲船高，成長達二一三倍。

即使扣除通貨膨脹因素，這種經建成果也應被稱道。

總結二戰後台灣經濟發展，有幾個要點必須予以突出：

一、二戰前日本殖民政府已有輕工業建設，但幾乎全毀於戰火。據統計，一九四五年的人均國內生產毛額只有一九四〇年的百分之二十一，至一九五一年也只恢復到一九四〇年的百分之五十四。

二、二戰結束後，東西冷戰陣營成型，台灣得以度過戰後艱苦歲月，除了依賴日據時期建立的糖米出口能力外，很大部分得力於美國經濟援助。在一九五一年到一九六〇年間，美國金援金額佔我國固定資本形成毛額的比例達百分之三十七。此項金援到了一九六五年六月底才停止。

三、美援停止後，我國開始自力發展經濟。大約可分成發展消費性民生工業、勞力密集工業、資本密集工業、技術密集工業四個階段；此期間朝野合力，鍥而不捨，終於做出大成績。經建團隊的功勳，理當留名青史。

四、在前三個經濟發展階段，政府放任工業污染。工業廢氣、廢水、廢棄物以及畜牧業污染，對台灣的河川大地造成很大破壞，一直到一九八〇年代政府才開始清除污染並立法重視環境保護；這是魚與熊掌的兩難抉擇，是國家建設過程中無可奈何的遺憾。

台灣幾無天然資源，而且長年維持龐大軍事防衛支出。託天之福，這個小海島今天竟能成為世界經貿體系內不容輕忽的重要成員，同胞允宜珍之惜之。

國際上有所謂G20（Group of Twenty），就是「二十大工業體合作論壇」。成員如下：美國、加拿大、英國、法國、德國、義大利、日本、巴西、俄羅斯、印度、中國、南非、墨西哥、阿根廷、土耳其、沙烏地阿拉伯、韓國、印度尼西亞、澳洲及歐盟。這二十大工業體加總起來佔全球GDP的百分之八十五。

比對國土面積，G20成員每一個都比台灣大，有的甚至大至兩三百倍，如美國、中國、俄羅斯、澳洲。

比對人口，G20裡頭的每一個成員也都比台灣多。連人口最少的澳洲也比台灣多了一百五十萬人。

二〇一八年台灣的出口數字，把巴西、印度、南非、澳洲、土耳其、印尼、沙烏地阿拉伯、阿根廷，拋在後頭。

二〇一八年台灣國民平均所得，贏過巴西、俄羅斯、中國、南非、墨西哥、土耳其、印尼、阿根廷。

本人沒有二〇一八年以後的資料，但合理推估，二〇一八年以後年度的情況應延續存在。

文末併記兩個相關思維：

一、國家經濟榮景並非必然永續，只有朝野持之以恆，日日精進，才可望百尺竿頭。

二、二戰末期，美軍只用炸彈就把台灣炸得落花流水。今日軍火之威猛不可同日而語，一旦不幸在福爾摩莎美麗島上發生戰爭，台灣四百年經濟發展成果勢必化為烏有；因此，和平絕對應該是台灣第一核心國家利益。

【附錄三】卑微又雄偉、可愛又可悲的人類

二〇二三年三月下旬，由英國科學家帶領的一個國際科學家團隊宣布，他們在距離地球一億光年的宇宙深處發現一個新黑洞，其質量為太陽的三百億倍。

這則新聞刊登在報紙的小角落，可能並沒有引起一般大眾多大的注意，不過本人認為此事在宇宙科學研究上非同小可。

據物理學家研究，宇宙形成於大約一百三十七億年前的一次大霹靂（Big Bang）。地球形成於大約四十六億年前。人類大約三至兩百萬年前出現。人類有文化大約從一萬年前開始，至於有科學研究是五百年前的事，但到了最近這一百年才見科技進步一日千里。

一億光年什麼概念？

光的傳達速度為每秒三十萬公里，亦即光速一年走十兆公里，那麼一億光年的距離就是十兆公里再乘以一億。

一億光年的距離很遠嗎？也不是，科學家認為至今所能探知的宇宙範圍是一百六十億光年的方圓。

本人手上另有兩項資料：

——二〇一九年一月三日美國太空總署公布，該署二〇〇六年發射的太空船新視野號，在美東時間一日上午十時半接近人類至今探測的最古老星體「終極遠境」（Ultima Thule），並從六十四億公里外傳回平安訊號。

——二〇一九年三月二十日，媒體刊登一則新聞，說台灣、日本、美國、德國、西班牙五國的四十六位學者組成的國際研究團隊，耗時三年觀測到在宇宙形成初期已出現的許多超大質量黑洞。這些黑洞，每一個質量比太陽大一百萬倍。

黑洞是什麼東西？

二〇二二年過世的英國科學家霍金（Stephen William Hawking）以數學探究黑洞，聲稱黑洞是恆星崩塌所形成。

另據動物學家研究，地球上的動物多達七百七十七萬種，但除了人類之外，其餘有手有腳或有鰭的動物都只過著覓食、打架、交配、睡覺的日子。牠們有的只有瞬間生命，有的可以活存久長。不管生命長短，日子一成不變。

可是，人類的生命、生活和生存大大不同。

由於有較大的腦容量，人類在歷史長河中逐步運用腦力懂得馴服其他動物來為人類服務。

人類的頭腦還知道擊石取火烹煮食物，懂得製造刀子割取物件，懂得製造輪子運送物品，歲月一久人類逐漸累積成諸種文明。

文明一詞包涵廣大，舉凡音樂、美術、建築、學術、政治制度、法律系統，乃至於科技發明，都使人類生活日新月異，成為如假包換的萬物之靈。

可是人類文明除了正向文明外，也有負向文明。

再怎麼進化，人類基本上仍是動物，有其獸性，而且獸性難改，所以會互相傾軋，會以強凌弱，會以眾暴寡，會拿科技發明的軍火侵略他群，會打得天昏地暗、血流成河；戰勝的一方斷手斷腳，戰敗的一方橫屍遍野，斷垣殘壁。

都說人類聰明，會以史為鑑。事實是人類史上戰爭不斷。事實是人類在古時候就有人富可敵國，但到今天仍有一大堆人貧無立錐之地。事實是人類明明知道生命可貴，但只要不幸發生核子大戰，八十幾億男女老幼大概都會同時間死翹翹。

本人認為，人類心智在正常狀態下其實相當珍惜這個我們共同生存的星球上的一切美好，包括山河大地、春花秋月、山珍海味、藝術饗宴、溫情友愛等等，可是惡性沖昏腦門的時候，珍惜情懷便就拋諸腦後。

且以兩岸為例。都說「兩岸一家親」，可是中共七十幾年來從不改變併吞台灣的國策，甚至於常常惡言恫嚇不排除槍砲相向。事實是兩岸分立分治既久，雙方已發展出不同的政治經濟體制。晚近中共誓言追求中華民族偉大復興，淺見認為應被理解，但中共卻不能以同理心體會台灣在歷經外族統治和高壓統治之後也應該追求頂天立地；更重要的是兩岸其實可以相輔相成，可以互利互惠，可以共存共榮。

您說，哪一個是正向文明、哪一個負向文明？

回到台灣內部。

台灣人民經由長年艱苦奮鬥，到了二十一世紀二十年代的今天，確實已經建立了民主政治體制，人民可以自由組黨爭取政權，人民享有言論自由可以說三道四。而且很多同胞人飢己飢，愛心廣被，彌足珍貴。這是正向文明。

可是台灣內部現在也充斥負向文明。只舉一例：

台灣由於中共蠻橫打壓，所以在國際社會不能大步行走；當此之時，國人同胞理當不分黨派同心同德。可是當甲黨執政的時候碰上斷交，乙黨便斥責嘲笑一番；換成乙黨執政的時候碰上斷交，甲黨同樣斥責嘲笑一番；而且甲乙兩黨斥責嘲笑的內容同一用詞遣字，連標點段落也一模一樣。您說這是什麼等級的政黨政治？您說這是善智慧還是惡智慧？

二〇二三年三月，當科學家宣布發現一億光年外的大黑洞，我連續好幾個晚間，不禁仰望蒼穹。有一夜忽然靈光乍現：假如諸多宇宙黑洞之一、二，以光速前來籠罩地球，把自稱萬物之靈卻不改獸性的人類一夕之間全部送往西方極樂世界，豈不善哉！

您以為只有吳某人仰天浩嘆嗎？

不是！

我的老闆、已逝慈善企業家吳尊賢先生在六十五歲的時候捐出巨額財產，設立基金會，從事改善社會風氣，並且多方捐助弱勢同胞。有一天，他萬般感慨地告訴我：如果人世間的痛苦不能解除，何不集合科學家的力量，發明一種「極樂彈」，一次爆炸，將全部芸芸眾生通通送往西方極樂世界！

耽心「天譴」，其實不止我們師徒二人。

——前面提到的那位霍金先生臨過世前，公開說，他很耽心人類最後會被人類自己研製的人工智慧消滅。

——國人熟知的愛因斯坦（Albert Einstein，一八七九～一九五五）在美國對日本使用他參與製造的原子彈之後，一九五〇年寫信給美國總統，希望美國不要進一步研製可能毀滅人類的氫彈。

可是他的信未能阻止氫彈研發，不得已只好於一九五五年與英國哲學家羅素等九位世界名人一起發表共同聲明，殷殷鼓吹人類永久和平。可是後來比氫彈更恐怖的核子彈的研發，反而加快時程。

——近三十年來，一大群國際科學家和高瞻遠矚的政治家，為減緩地球暖化奔走呼喊。事實是近十幾年來地球暖化所造成的氣候異常，已使地表部分地區無預警地陷於水深火熱慘況。地球暖化是人類大規模污染環境所造成的，減緩地球暖化有可行途徑，而且多國已簽訂了減碳議定書，但人類依然執迷不悟；甚至於連曾任美國總統的混球川普，都說地球暖化是假議題。

——據統計，光是二〇〇〇年，地表上有三十一萬人因戰爭死亡，五十二萬人因暴力犯罪死亡，一百二十六萬人因車禍死亡，另有八十一萬五千人自殺死亡。

本人還確知，雖然常見朱門酒肉臭，但地表上每一年因飢餓或營養不良死亡的男女以數百萬計。

二〇二〇年到二〇二三年肆虐全球的新冠肺炎，造成幾百萬人死亡，光台灣一地死亡人數也多達一萬幾千人。

我們可以說，人世間真正是苦海無邊！

那麼，充滿智慧的歷史學家又是怎麼看待人類？

以《人類大歷史》一書揚名國際的歷史學家哈拉瑞（Yuval Noah Harari）用了三十萬字詳細記述人類諸般發展過程之後，萬分感慨地說：雖然現在人類已經擁有許多令人讚嘆的能力，但我們仍然對目標感到茫然，我們還不知道自己該前往的目的地；更糟糕的是，人類似乎也比以往任何時候更不負責任。

安德魯·馬爾（Andrew Marr）以四十萬字寫了《十萬年人類史》一書，他在深入探索人類的心智和成就之後也說：人類理解世界和重塑世界的能力不斷增強，但人類管理世界的水準卻沒有提高多少。科學在大步前進，但政治卻像醉漢一樣左右搖擺……

本人以生而為人類一員為榮，所以理所當然的期望人類不斷進步。本人生而為台灣人，所以理所當然的忠愛台灣。本人更酷愛壯麗山川、珍饈佳饌、岸芷汀蘭、詩情畫意；可是，本人對人類相互傾軋，對同胞不知相濡以沫，實在厭惡到了極點。

宇宙浩瀚，天地悠悠，生生滅滅，滄海桑田。百年人生再怎麼得意飛揚其實也只是瞬間光華，然後不論帝王將相、富商巨賈、紅男綠女、浪人乞丐，大家都一樣，都必塵歸塵，土歸土，上帝的還給上帝，魔鬼的還給魔鬼，遺憾還諸天地；然則，人類何苦凌虐人類？同胞何苦欺壓同胞？

本附錄千言萬語，其實要說的只是最後這一句話。

參考書目

《四書道貫》陳立夫著，世界書局經銷，一九六七。
《心經》善書。
《道德經傳釋》李丹郎著，文慧青年社，一九八四。
《金剛經說什麼》南懷瑾講述，老古文化公司，一九九二。
《佛學綱要》蔣維喬著，慧炬出版社，一九八一。
《人類的故事》房龍等著，志文出版社，一九九三。
《人類與宇宙》卡爾・薩根著，石育民等譯，環華出版公司。
《人生論》托爾斯泰著，許海燕譯，志文出版社，一九九七。
《無神論的再思》黃小石著，宇宙光機構，二〇一七。
《生命的省思》黃小石著，宇宙光機構，二〇一八。
《文明的故事》（*A Story History of the World*）Herbert George Wells 著，趙震譯，志文出版社，一九七四。

《古文觀止》謝冰瑩等編譯，三民書局，一九七一。

《聖經》善書。

《古蘭經》善書。

《六祖壇經直解》善性師父講述，中華佛乘宗法界弘法協會印行，二〇〇五。

《天規》孫正治著，海鷗文化，二〇〇三。

《文明衝突與世界秩序的重建》（*The Clash of Civilizations and the Remaking of World Order*）杭亭頓（Samuel P. Huntington）著，黃裕美譯，聯經出版公司，二〇一六。

《世界是平的》（*The World is Flat*）Thomas Friedman 著，楊振富、潘勛譯，雅言文化出版公司，二〇〇五。

《民主是最好的制度嗎？》日本朝日新聞社採訪組集體創作（原名「混沌的深淵」），郭書好譯，暖暖書屋出版，二〇一八。

《地球生態史》（*The Living Planet*）David Attenborough 著，張琰譯，桂冠圖書公司，一九八九。

《宇宙波瀾：科技與人類前途的自省》（*Disturbing the Universe*）Freeman J. Dyson 著，邱顯正譯，天下文化出版公司，一九九三。

《宇宙的奧祕》（*Cormos*）卡爾·沙根（Carl Sagan）著，蘇義穠譯，桂冠圖書公司，一九八九。

《真理與生活》谷口雅春著，德馨譯，生命之光雜誌社出版，一九八四。

《莎士比亞全集》莎士比亞原著，趙天儀、林建隆、王添源監修，崇文館，二〇〇一。

《釣愚：操縱與欺騙的經濟學》（*Phishing for Phools: The Economics of Manipulation and Deception*）喬治・艾克羅夫（George A. Akerlof）、羅伯・席勒（Robert J. Shiller）合著，廖月娟譯，天下文化公司出版，二〇一六。

《新時間簡史》（*A Brief History of Time*）史蒂芬・霍金（Stephen Hawking）、雷納・曼羅迪諾（Leonard Mlodinow）合著，大塊文化公司出版，二〇一二。

《蝗蟲效應》Gary A. Haugen、Victor Boutros 合著，揚芩雯譯，馬可孛羅文化公司，二〇一五。

《三國演義》羅貫中著，遠流出版公司。

《水滸傳》施耐庵著。

《戰爭與和平》托爾斯泰著，黃文範譯，書華出版公司，一九八六。

《飄》密西爾著，傅東華譯，遠景出版社。

《反經》趙蕤著，理藝出版社，一九九七。

《易經語解》謝大荒著。

《東萊博議》呂祖謙編，大東書局，民國五十八年再版。

《影響世界的一百種文化》鄧蜀生、張秀平、楊慧玫主編，好讀出版公司，二〇〇五。

《城市的勝利》（*Triumph of the City*）愛德華・格雷瑟（Edward Glaeser）著，黃煜文譯，時報出版公司，二〇一二。

《愛因斯坦傳》菲利浦・法蘭克（Philpp Frank）著，張聖輝譯，新潮文庫，一九七四。

《平等與效率》（*Equality and Efficiency*）亞瑟．歐肯（Arthur M. Okun）著，經濟新潮社，二〇一七。

《地球全史：四十六億年的奇蹟》白尾元理攝影、清川昌一解說，陳嫻若翻譯、謝隆欽審定，聯經出版公司，二〇一四。

《另一半中國史》高洪雷著，龍圖騰文化公司，二〇一三。

《國家為什麼會失敗：權力、富裕與貧困的根源》（*Why Nations Fail: The Origins of Power, Prosperity, and Poverty*）戴倫．艾塞默魯（Daron Acemoglu）、詹姆斯．羅賓森（James A. Robinson）合著，吳國卿、鄧伯宸合譯，衛城出版公司，二〇一三。

《艱難的抉擇：台灣對安全與美好生活的追求》（*Difficult Choices: Taiwan's Quest for Security and the Good Life*）卜睿哲（Richard C. Bush）著，周佳欣等譯，天下文化出版公司，二〇二一。

《錢復回憶錄》（卷一～卷三）錢復著，天下文化出版公司，卷一、二，二〇〇五年；卷三，二〇二〇年。

《總統與我：政壇奇緣實錄》張祖詒著，天下文化出版公司，二〇二一。

《轉角遇見經濟學：改變現代生活的50種關鍵力量》（*50 Things That Made the Modern Economy*）提姆．哈福特（Tim Harford）著，林金源譯，木馬文化公司，二〇一八。

《台灣就是台灣》（*Let Taiwan Be Taiwan*）柯邁政（Marc J. Cohen）著，蔡百銓譯，前衛出版公司，一九九一。

《台灣通史》連橫著，中華叢書委員會，一九五五。

《治台必告錄》丁日健著，台灣銀行經濟研究室，一九五九。

《台灣四百年史》史明著，蓬島文化公司，一九八〇。

《人們為何造反》（*Why Men Rebel*）泰德・羅伯特・格爾（Ted Robert Gurr）著，馮威譯，南天書局，二〇一九。

《台灣人的醜陋面》李喬著，前衛出版社，一九八八。

《海外台獨運動四十年》陳銘城著，自立晚報社，一九九二。

《新興民族》許信良著，遠流出版公司，一九九五。

《台灣經濟經驗一百年》林鍾雄著，新學林出版公司，一九九八。

《台灣史一百年大事》李筱峰著，玉山社，一九九九。

《世紀之交的台灣與世界》李遠哲著，遠流出版公司，二〇〇二。

《兩岸經貿之政治經濟分析》蔡學儀著，新文京開發出版公司，二〇〇三。

《三年小叛五年大亂》王詩琅著，海峽學術出版公司，二〇〇三。

《台灣政治史》（*Taiwan: A Political History*）丹尼・羅伊（Denny Roy）著，何振盛、杜嘉芬譯，臺灣商務印書館股份有限公司，二〇〇四。

《台灣主體論》陳荔彤著，元照出版公司，二〇〇四。

《台灣政治史》戴寶樹著，五南圖書出版公司，二〇〇六。

《台灣大未來》愷特著，知青頻道公司，二〇〇七。
《台灣國家之道》張燦鍙著，前衛出版社，二〇〇七。
《兩岸和平三角建構》邱垂正著，秀威公司，二〇〇八。
《廿五史演義》呂撫原著，遠流出版公司。
《民國演義》杜學山原著，遠流出版公司。
《中國可以說不》宋強等著，人間出版社，一九九六。
《中國還是能說不》宋強等著，人間出版社，一九九六。
《醜陋的中國人》柏楊著，遠流出版公司，二〇〇五。
《官場現形記》李伯元著，世界書局，一九八三。
《台灣：過去、現在與將來》台灣問題研究會編著，香港盤古出版社，一九七五。
《台灣·國家的條件》黃文雄著，前衛出版社，一九九〇。
《西洋文學史》黎烈文編著，大中國圖書公司編輯，弘揚圖書公司印行，二〇〇五年再版。
《中國文學史》葉慶炳著，台灣學生書局，一九八七。
《台灣古典詩賞析》陳春城編著，河畔出版社，二〇〇四。
《台灣百年人物誌》李宗信等著，玉山社，二〇〇五。
《台灣史》戚嘉林著並出版，二〇一五。

《歷史上最有影響力的一百人》（*The 100: A Ranking of the Most Influential Persons in History*）邁可・哈特（Michael H. Hart）著，顏可維譯，圓神出版社，一九九四。

《新時代的台灣》黃昆輝、鄒景雯合著，玉山社，二〇一八。

《李光耀觀天下》李光耀著，周殊欽等譯，天下文化出版公司，二〇一四。

《台灣經濟發展史略》陳添壽、蔡泰山著，立得出版社，二〇〇六。

《一加一大於二：邁向兩岸共同市場之路》蕭萬長著，天下文化出版公司，二〇〇五。

《我們是誰？台灣是什麼？》陳毓鈞著，智庫文化，二〇〇五。

《走過關鍵年代》汪彝定著，商周出版，一九九一。

《穿越福爾摩莎》龐維德著，徐麗松譯，八旗文化，二〇二一。

《台灣政治發展史》李功勤著，幼獅文化公司，二〇一二。

《日本列島改造論》田中角榮著，日刊工業新聞社，一九五八。

《世界・為什麼是現在這個樣子？》尚・克利斯朵夫・維克多、薇珍妮・黑頌、法蘭克・提塔特合著，李佳蓉、張凌虛合譯，大是文化公司，二〇一〇。

《台灣經濟的浴火重生》于宗先、王金利合著，聯經出版公司，二〇一〇。

《肇論》僧肇著，洪修平釋譯，佛光山印行，一九九六。

《李光耀治國之鑰》韓福光、華仁、陳澄子合著，張定綺譯，天下文化出版公司，一九九九。

《台灣新憲法論》許世楷著，前衛出版社，一九九一。

《悲情島嶼》李敏勇著，前衛出版社，一九九二。

《被統一前的掙扎》沈建德著並出版，一九九二。

《帝國主義》帕米爾書店編輯部編輯並印行，一九七七。

《資本主義》帕米爾書店編輯部編輯並印行，一九七六。

《社會主義》帕米爾書店編輯部編輯並印行，一九七七。

《無政府主義》克魯泡特金著，天均等譯，帕米爾書店印行，一九七七。

《趙紫陽傳》盧躍剛著，印刻文學公司，二〇一九。

《強權者的道德：從小羅斯福到川普，十四位美國總統如何影響世界》（*Do Morals Matter? Presidents and Foreign Policy from FDR to Trump*）約瑟夫・奈伊（Joseph S. Nye, Jr.）著，林添貴譯，天下文化出版公司，二〇二〇。

《十萬年人類史》（*A History of the World*）安德魯・馬爾（Andrew Marr）著，邢科、汪輝譯，廣場出版，二〇一八。

《人類大歷史：從野獸到扮演上帝》（*Sapiens: A Brief History of Humankind*）哈拉瑞（Yuval Noah Harari）著，林俊宏譯，天下文化出版公司，二〇二二。

《讓天賦自由》（*The Element How Finding Your Passion Changes Everything*）肯・羅賓森（Ken Robinson）、盧・亞若尼卡（Lou Aronica）合著，謝凱蒂譯，天下文化出版公司，二〇二二。

《老師的謊言：美國高中課本不教的歷史》（*Lies My Teacher Told Me*）詹姆斯·洛溫（James W. Loewen）著，陳雅雲譯，紅桌文化，二〇一五。

《筆尖上的世界史》（*The Written World: The Story of Literature and How It Shaped History*）馬丁·普赫納（Martin Puchner）著，林金源譯，究竟出版社，二〇一八。

《沉思錄》馬克朗·奧瑞利阿斯·安東耐諾斯（Marcus Aurelius Antoninus）著，梁實秋譯，協志工業叢書出版公司，一九五九。

《阿共打來怎麼辦》王立、沈伯洋合著，大塊文化公司，二〇二二。

維基百科

大英百科全書

（著者按：以上書目係順手排列，無閱讀先後之別，也無內容優劣之明示或暗示。）

國家圖書館出版品預行編目資料

追古溯今說政治／吳豐山著.　--初版.　--臺北市；
遠流出版事業股份有限公司, 2023.11
面；　公分.
ISBN 978-626-361-274-7（平裝）

1. CST：臺灣政治　2. CST：言論集

573.07　　112015667

追古溯今說政治

作　者　吳豐山
封面畫作、內頁書作　吳豐山
版型設計　霍榮齡設計工作室
封面設計　陳春惠
校　訂　黃念玲
責任編輯　曾淑正
企　劃　葉玟玉

出版發行　遠流出版事業股份有限公司
發 行 人　王榮文
地　址　台北市中山北路一段十一號十三樓
電　話　(02) 2571-0297
傳　真　(02) 2571-0197
劃撥帳號　0189456-1

著作權顧問　蕭雄淋律師
初版一刷　二〇二三年十一月一日
售　價　新台幣四二〇元
缺頁或破損的書，請寄回更換

ISBN 978-626-361-274-7（平裝）

遠流博識網　http://www.ylib.com　E-mail: ylib@ylib.com

財團法人感恩社會福利基金會購買本書贈送全國高中、職以上學校圖書館。
作者暨出版社謹敬申無比謝悃。